RELATION
DE
L'ISLE DE CORSE.

RELATION
DE
L'ISLE DE CORSE,
JOURNAL
D'UN
VOYAGE DANS CETTE ISLE,
ET
MÉMOIRES
DE
PASCAL PAOLI.
Par JAQUES BOSWELL, Ecuyer.

Enrichie d'une nouvelle & très exacte
CARTE DE LA CORSE.

Non enim propter gloriam, divitias aut honores pugnamus,
sed propter libertatem solummodo, quam nemo bonus,
nisi simul cum vitâ amittit.
Lit. Comit. & Baron. Scotiæ ad Pap. A. D. 1328.

TRADUIT DE L'ANGLOIS.
Sur la seconde Edition.
Par J. P. I. DU BOIS.

A LA HAYE,
Chez FREDERIC STAATMAN,
Libraire, sur le Kalvermarkt.
M. DCC. LXIX.

EPITRE
DEDICATOIRE
A
PASCAL PAOLI,
GÉNÉRAL DES CORSES.

MONSIEUR,

LEs Dédicaces sont, pour la plupart, les offrandes du servile intérêt, ou les effusions d'un zèle partial; elles attribuent des vertus à des hommes à qui l'on n'en trouve point; ou elles prédisent la grandeur à ceux qui, ensuite, passent leurs jours dans une lâche indolence, & meurent, sans laisser d'autre mémoire de leur existence, qu'une Dédicace, où tout leur mérite n'est annoncé que pour l'avenir, & que le tems a converti en un reproche tacite.

Celui qui a quelque expérience du Genre-humain, doit être très embarrassé quand il veut dédier un Livre. Faire publiquement l'éloge de qualités inconnues au Public, ou donner de flatteuses espérances, qui ne seront jamais remplies, c'est s'exposer à paroître sous le caractère d'un Parasite rampant, ou d'un Enthousiaste insensé.

Je n'ai rien de pareil à craindre en dédiant ce Livre à PASCAL PAOLI. *Vos vertus,* MONSIEUR, *sont universellement réconnues; elles illustrent l'Ouvrage que j'ose Vous présenter; & c'est pour moi un bonheur singulier, que mon Livre soit le garant de sa Dédicace.*

En Vous l'adressant ainsi, mon intention n'est point d'entreprendre votre Panégyrique. On peut, en quelque façon, le recueillir de mes travaux imparfaits. Mais je souhaite d'exprimer publiquement l'admiration & la gratitude, que Vous m'avez inspirées.

C'est là, MONSIEUR, *tout ce que je suis en état de Vous offrir, en retour de tant de faveurs, dont Vous avez daigné me combler. Je Vous supplie de le recevoir comme un témoignage de mes bonnes intentions. Fâché de n'avoir ni assez de pouvoir, ni assez d'influence pour rendre quelque service essentiel à Vous,* MONSIEUR, *& à vos braves Corses, je dois me borner à Vous assurer des vœux les plus fervens d'un Gentilhomme particulier, qui a l'honneur d'être avec tout le respect, & toute l'affection imaginables,*

MONSIEUR,
  Votre très humble, très obéïssant & très dévoué Serviteur,
   JAQUES BOSWELL.

Auchinleck
Ayrshire
le 25 Octobre
1767.

PREFACE.

JE ne ferai point l'apologie des motifs qui m'ont déterminé à donner cette *Relation de la Corse*. On l'attendoit de moi depuis quelque tems; & j'avoue que l'ardeur de la curiosité publique m'a encouragé & intimidé en même tems. A mon retour de la *Corse*, je rencontrois par-tout des gens, qui me faisoient mille questions sur cette Isle & sur ses habitans. Pour ne point me répéter continuellement, je leur promis un Livre, qui parleroit pour moi.

Cependant je ne voulus pas le faire sans m'être auparavant consulté avec le Général de la Nation. Je l'informai donc de mon dessein. Sa réponse me seroit peut-être trop flatteuse pour la publier, si elle ne contenoit une espêce de privilège & de sanction de cet Ouvrage.

La Lettre de *Paoli* étoit conçue en ces termes: „Rien ne peut être plus
„ généreux que votre dessein de pu-
„ blier les observations que vous avez
„ faites sur la *Corse*. Vous avez vu
„ sa situation naturelle, vous avez
„ pu

PREFACE.

„ pu étudier les mœurs de ſes habi-
„ tans, & approfondir les maximes
„ de leur Gouvernement, dont vous
„ connoiſſez la Conſtitution. Ce Peu-
„ ple, avec un enthouſiaſme de gra-
„ titude, unira ſes applaudiſſemens
„ à ceux de l'*Europe* détrom-
„ pée (*a*)".

Ma première intention n'étoit que de donner un tableau de l'Etat préſent de la *Corſe*, avec les Mémoires de ſon illuſtre Général ; mais, par l'avis de quelques Savans, de mes Amis, dont je reſpecte les déciſions, j'ai élargi mon plan, & j'en ſoumets l'exécution au jugement du Public.

J'ai eu, ſous les yeux, deux Ouvrages *François*, qui traitent expreſſément de la *Corſe*. L'un eſt intitulé :

His-

(*a*) „ Non può eſſer più generoſo il di lei di-
„ ſegno di pubblicar colle ſtampe le oſſervazioni
„ che ha fatte ſopra la Corſica. Eſta ne ha vedu-
„ to la fiſica ſituazione, ha potuto eſaminare i
„ coſtumi degli abitanti, e veder dentro le maſſi-
„ me del loro governo, di cui conoſce la coſti-
„ tuzione. Queſti popoli con entuſiaſmo di gra-
„ titudine uniranno il loro applauſo a quello dell'
„ Europa diſingannata ".

PREFACE.

Histoire de l'Isle de Corse, *par M.* G. D. C., imprimé à *Nancy*, en 1749: L'autre: *Mémoires Historiques, Militaires & Politiques sur la* Corse *&c. par M.* Jaussin, *ancien Apoticaire Major*; à *Lausanne*, en 1758. J'ai tiré, de ces deux Ouvrages, divers matériaux utiles. Le dernier contient un ample & savant détail de l'Histoire Naturelle de l'Isle, ainsi qu'un grand nombre de Lettres, de Manifestes, & de Mémoires publics. L'un & l'autre sont remplis de particularités très-curieuses touchant les opérations des *François* dans la *Corse*. Ainsi j'avois devant moi une assez vaste collection de remarques, que j'ai mises par écrit, pendant mon séjour dans cette Isle.

Mais, trouvant encore mes matériaux défectueux à divers égards, j'eus recours à mes Amis sur les lieux, & j'étudiai en même tems les Ouvrages qui pouvoient me fournir quelques lumières relatives à mon sujet. De cette manière je me suis mis en état de présenter au Public une *Relation de la* Corse, qui, à ce que j'espère, procurera plus de satisfaction, que tout ce qu'on a écrit jusqu'ici sur cette

PREFACE.

Isle, & qui se réduit à bien peu de chose.

En effet, il est étonnant qu'une Isle aussi considérable, & qui a été le théâtre de tant de grandes actions, soit si peu connue. On a même ignoré la succession de ses Chefs, au point de confondre, dans tous nos Papiers publics, le vaillant *Pascal Paoli*, qui est à la fleur de son âge, avec le vénérable Chef *Hyacinte Paoli*, son deffunt Père; erreur qu'ont aussi adoptée les Historiens; & le Dr. *Smollet*, parlant de *Paoli*, au siège de *Furiani*, il n'y a peu d'années, dit qu'il avoit alors plus de *quatre-vingts ans*.

Je dois, en premier lieu, rendre mes très humbles actions de graces à *Pascal Paoli*, pour les différentes communications dont il a daigné me favoriser; & comme j'ai rapporté ses sentences remarquables, je déclare, sur mon honneur, que je n'y ajoute, ni n'en diminue rien; au contraire, j'ai été si scrupuleux, que je n'ai pas voulu y faire le moindre changement, même quand mes Amis jugeoient qu'il seroit nécessaire. Je sais combien on

ADE plaisir à lire ce qui est exactement autentique.

Le Comte *Rivarola*, à qui j'ai adressé un grand nombre de questions, sur différentes particularités concernant la *Corse*, a eu la bonté d'y répondre chaque fois amplement & avec précision. Je ne lui suis pas moins redevable pour ces éclaircissemens, que pour la façon obligeante avec laquelle il me les a donnés.

Mr. *Burnaby*, Chapelain de la Factorie *Angloise* à *Livourne*, & Mr. *Hervey*, actuellement Evêque de *Cloyne*, firent ensemble, en 1766, un Voyage dans l'Isle de *Corse*. Le premier étoit absent de *Livourne* quand j'y arrivai, de sorte que je n'eus pas le plaisir de faire sa connoissance personnelle. Mais, par une attention toute particulière, il m'envoya, de son propre mouvement, une Copie du Journal de ses observations, avec la permission d'en faire l'usage que je jugerois à propos. J'eus la satisfaction de voir, que nous étions d'accord sur tout ce que nous avions examiné l'un & l'autre. Cependant je trouvai, dans son Journal, diverses remarques, qui m'étoient échappées, ou que je n'avois pas mises dans une exposition aussi claire. J'ai pris la liberté d'en enrichir mon Ouvrage.

Je me rappelle avec reconnoissance les obligations que j'ai à mon respectable Ami, Mr. *John Dick*, Ecuyer, Consul de S. M. *Brittannique à Livourne*; à Mr. *Gian Quilico Casa Bianca*; au savant Médecin Grec, *Stefanopoli*; au Colonel *Buttafoco*; & à l'Abbé *Rostino*, qui tous ont contribué leur part au petit Monument que j'érige à la Liberté.

J'ai soumis mon Livre à la revision de plusieurs Gentilshommes, qui m'honorent de leur estime; &, sensible aux corrections qu'ils y ont jugé nécessaires, il est de mon devoir d'en remercier Mrs. *Wyvill* & *Temple*, Recteurs à *Essex* & à *Mambead*, ainsi que Mylord *Monboddo*, pour nombre de remarques judicieuses, que sa profonde connoissance de l'Antiquité le met si en état de faire; mais je suis principalement redevable à l'indulgence & à l'attention amicale

de

de Mylord *Hailes*, qui, sous le nom de Mr. *David Dalrymple* (*b*), jouït, depuis long-tems, d'une grande réputation dans la République des Lettres.

Quoique j'aie reçu, avec déférence, les corrections de mes Amis, je n'ai cependant pas toujours été de leur avis. Un Auteur doit être bien aise d'entendre toutes sortes de remarques; Mais je regarde comme indigne de la qualité d'Ecrivain, tout homme qui n'a pas la force d'esprit de se déterminer lui-même. Je fais cette observation, pour qu'on ne croie pas que le jugement des Amis, que j'ai nommés, soit absolument lié à chaque passage de cet Ouvrage.

J'ai tâché d'éviter un vain étalage de science ; je sais qu'il est des gens d'un esprit léger & frivole, qui traitent de pédanterie jusqu'à l'ombre de quelque

---

(*b*) C'est la coutume en *Ecosse*, de donner, aux Juges du Tribunal des Assises, le titre de *Lord*, joint aux noms de leurs Terres ; ainsi Mr. *Burnet* est Lord *Monboddo*, & Mr. *David Dalrymple*, Lord *Hailes*.

que érudition ; mais, comme je n'écris point pour de pareils Lecteurs, je méprise leur cenſure. Ceux par qui je ſouhaite d'être jugé, approuveront, j'eſpère, que j'aie ajouté à la dignité de la *Corſe*, en montrant quelle a été ſa conſidération chez les Anciens, & peut-être ne ſeront-ils pas fâchés de trouver quelquefois ma narration variée par des citations d'Auteurs claſſiques, quand j'ai cru pouvoir les appliquer à propos.

Si j'ai mérité quelque part à la gloire littéraire, qui eſt ce que j'eſtime le plus ; c'eſt au Public à en juger. Quelle que puiſſe être mon ambition, je ne crois pas ma confiance trop grande, ni mes eſpérances trop téméraires.

TABLE DES ARTICLES,

Contenus dans cette

RELATION DE L'ISLE DE CORSE.

INTRODUCTION. . . . . . Pag. *j.*

CHAP. I.

De la Situation, de l'Etendue, du Climat, du Sol, & des Productions de la CORSE. . . . . 1re.

CHAP. II.

Histoire abrégée des RÉVOLUTIONS *qui ont agité la* CORSE *dans les tems les plus reculés.* . . . . . . 31.

CHAP.

CHAP. III.

Etat présent de la CORSE, *par rapport au Gouvernement, à la Religion, aux Manufactures, au Commerce, aux Sciences, au Génie, au Caractère, & à la Force de ses Habitans,* . . . . Pag. 96.

JOURNAL *d'un* VOYAGE *dans l'Isle de* CORSE, *&* MÉMOIRES *de* PASCAL PAOLI, ... 161.

INTRODUCTION.

La liberté est si naturelle, si précieuse aux hommes, soit comme individus, soit comme Membres de la Société, qu'elle se trouve indispensablement nécessaire pour leur bonheur. Tout ce qui est estimable provient d'elle. La liberté procure la santé de l'ame, & nous rend capables de jouïr de l'entier exercice de nos facultés. Celui qui gémit dans les fers ne peut agir ni avec facilité, ni de bonne grace; l'on ne doit rien attendre de grand, rien de noble, de celui dont les esprits sont subjugués par la tyrannie, & dont les forces sont enchainées par la contrainte.

Il se trouve, à la vérité, des gens qui, par une basse prévention, ou par une vénalité dépravée, voudroient tâcher de faire illusion aux hommes sur leur véritable destination, & de leur inculquer des sentimens artificiels à la place de ceux que Dieu & la Nature ont gravés dans leurs cœurs; Ils voudroient soutenir, que l'habitude rend l'esclavage aisé, & que les Peuples ne sont jamais plus heureux que lorsqu'ils vivent sous le pouvoir arbitraire de peu de personnes.

Une pareille opinion n'auroit jamais pu prendre racine, si elle n'eût été adressée qu'à la saine & tranquille raison. C'est pourquoi ses partisans ont eu recours à l'imagination & aux passions; ils ont appelé à leur secours le fanatisme & l'enthousiasme; ils ont tâché d'inspirer, dans quelques Païs, un amour & un attachement étranges pour leurs Souverains; &, dans d'autres, d'accréditer certaines notions mystiques d'un prétendu droit divin

de

de régner; (notions que l'esprit humain adopte si aisément) comme si leurs Rois étoient issus des Dieux. Cette dernière idée s'est conservée dans tous les siècles, depuis le *Cara Deûm soboles*, (la Postérité chérie des Dieux) chez les *Romains*, jusqu'à cette multitude de titres fastueux, & d'épithétes flatteuses que les Nations modernes prodiguent à leurs Souverains.

Mais quels sophismes que l'on puisse imaginer en faveur de la servitude, la patience à l'endurer ne sauroit être que ,, l'effet d'une ,, constitution foible & vicieuse, d'où naissent une lâcheté & un découragement, qui ,, ôtent à l'homme l'espoir & la crainte, ,, anéantissent l'ambition, & les autres qualités actives que donne la liberté, & ne ,, laissent à leur place que le stupide plaisir ,, de végéter dans une molle indolence (*a*) ''.

Il n'est pas douteux qu'en entrant dans la Société, les hommes ne cèdent volontairement une partie de leurs droits naturels, en s'engageant à l'obéïssance des loix, combinées pour l'avantage général. Mais il y a une différence à faire entre l'autorité & l'oppression, entre les loix & les volontés arbitraires: Sans perdre jamais de vue l'intention primitive du Gouvernement, il faut prendre garde de ne restreindre la liberté naturelle qu'autant que l'exigent les besoins de la Société.

Peut-

(*a*) Mylord *Molesworth* dans sa Relation du *Dannemarc*. pag. 69.

INTRODUCTION.

Peut-etre ne doit-on pas rechercher avec trop de rigueur les limites qui féparent le pouvoir du Gouvernement, & la liberté du Peuple. Les Connoiffeurs trouvent dur & defagréable un tableau, dont les contours fe remarquent trop facilement ; ils admirent une peinture, où les couleurs font délicatement mêlées, & où les teintes, qui diftinguent chaque objet particulier, fe confondent les unes dans les autres par une dégradation infenfible. De même, dans un Etat bien conftitué, il doit fe trouver, entre le Gouvernement & le Peuple, une confiance mutuelle fi intime, que l'on ne puiffe définir précifément les droits des deux côtés.

Mais une injuftice criante, de la part de l'un ou de l'autre, ne doit pas être tolérée; & la partie lèzée eft, fans contredit, fondée à revendiquer fes droits.

Je me fuis engagé dans ces réflexions, par la confidération des argumens que d'ingénieux & rafinés Politiques ont employés, pour tâcher d'amufer les hommes, & de détourner leur attention des notions fimples & claires de la liberté.

La liberté eft, en effet, la mère de la félicité, de toute grande vertu, même de tous les Arts & de toutes les Sciences. Les peines inutiles que l'on a prifes pour faire germer des plantes généreufes fous un climat oppreffé, n'ont fervi qu'à démontrer plus évidemment le prix de la liberté.

Il n'eft donc pas étonnant que, dans tous les fiècles, le monde affoupi fe foit réveillé au feul nom de la liberté ; & que nous foyons frappés d'admiration & d'un vertueux enthoufiafme, lorfque nous lifons les Exploits brillans de ceux qui fe font diftingués pour fa glorieufe caufe ; ainfi que l'Hiftoire des Etats, qui, animés du même principe, en ont fait la bafe de leur conftitution.

Si quelque Ecrivain eut transmis à la Poftérité les Annales d'une Nation efclave, nous fupprimerions des fiècles entiers de ces détails humilians. Tous les objets y auroient un air fi pauvre, fi rampant & fi méprifable, qu'autant vaudroit-il lire les Régiftres d'une Maifon de force.

MAIS nous éprouvons une fatisfaction mâle en lifant l'Hiftoire des anciens *Romains*, indépendamment même de leurs connexions & de leurs démélés avec d'autres Etats. Leurs progrès intérieurs offrent feuls une ample matière aux fpéculations d'un judicieux & fpirituël Obfervateur de la Nature humaine. Nous aimons à découvrir les refforts variés de leur conduite, & de l'accroiffement de leur grandeur. Nous contemplons avec plaifir les difputes qui s'éleverent entre les Patriciens & les Plébeiens, les violens efforts de génie agrefte, les exercices vigoureux, & les vertus févères de ces hommes, qu'aucune fujettion n'intimidoit jamais.

CEUX qui confervent une vénération outrée pour l'Antiquité voudroient nous faire croire que le feu de la liberté s'eft éteint depuis long-tems, & que les lueurs, qu'on en apperçoit

INTRODUCTION.

çoit dans les tems modernes, ne font que foibles & obfcures. Ils voudroient nous perfuader que le monde a vieilli, que les forces de la Nature humaine font déchues, & que nous ne devons plus efpérer ces nobles facultés qui caractérifoient les Héros des fiècles paffés.

Mais la vérité eft, que la Nature humaine eft la même dans tous les tems, & qu'elle ne paroît fous différens afpects, que par une diverfité de circonftances. Dans le langage de l'Ecole, la fubftance refte fixe, les accidens feuls varient. *Rome* a toujours les fept Monts, fur lefquels demeuroient les Conquérans de l'Univers ; & ces Monts font encore aujourd'hui habités par des *Romains*. *Athènes* occupe toujours le même lieu, d'où la Philofophie & le Génie jetterent un rayon lumineux fur toutes les Nations voifines ; & ce font encore des *Athéniens* qui la poffèdent. Mais ni l'un ni l'autre de ces Peuples ne conferve plus aucune reffemblance avec fes illuftres Ancêtres ; ce qui ne provient que des évènemens politiques, qui ont occafionné un changement total dans leurs mœurs.

Que l'efprit de la liberté aît fleuri dans les tems modernes, c'eft ce dont fait foi l'Hiftoire tant des *Suiffes* que des *Hollandois*; & l'on en trouve les preuves les plus fortes dans les Annales de notre propre Patrie.

Mais l'Ifle de *Corfe* en offre un exemple des plus diftingués. Là, une Nation brave & intrépide fe maintient, depuis plus de trente-fix ans d'efforts conftans, contre l'oppreffion pression de la Republique de *Gênes*. Ces vaillans Insulaires furent long-tems regardés comme une bande méprisable de mécontens, comme une troupe indisciplinée de rebelles, qui seroient bientôt forcés de reprendre les fers qu'ils avoient eu la témérité de rompre. Cependant ils ont continué à soutenir leur résolution. La Providence les a favorisés; & l'*Europe* fixe maintenant les yeux sur eux; étonnée de les voir sur le point de s'affranchir pour toujours d'un joug étranger, & de devenir un Peuple libre & indépendant.

Libertas quae sera tamen respexit ⸺
Respexit tamen & longo post tempore venit.
Virg. Eclog. I.

Après un siècle affreux de combats, de malheurs,
L'auguste liberté vient d'essuier ses pleurs.

Plus les bornes de l'Etat des *Corses* sont étroites & resserrées, plus leurs efforts sont dignes de notre admiration. L'ingénieux Mr. *Hume* (b) nous a prouvé, que les Peuples de *Rhodes*, de *Thèbes* & de plusieurs autres anciens Etats, n'étoient pas aussi nombreux que le sont aujourd'hui les *Corses*. Si les dix mille *Grecs* se sont acquis une gloire immortelle pour s'être opposés aux Armées du Monarque *Persan*, les *Corses* ne mériteront-ils aucun éloge pour avoir résisté à une Repu-

(b) *Essay on the populousness of ancient Nations*. C'est-à-dire „ Essai sur la population des anciennes Na-„ tions „.

INTRODUCTION.

Republique, qui, en différens tems, a été secondée par les forces de la *France*, & par celles de l'Empire *Germanique*?

Les *Corses* ont été obligés de montrer une grandeur particulière de courage. Les *Suisses* & les *Hollandois* furent assistés par des Nations formidables pour le recouvrement de leurs libertés; mais pendant la longue & sanglante Guerre que la *Corse* a soutenue, les Puissances de l'*Europe*, qu'on doit supposer être ses amies, l'ont abandonnée; seule & sans appui, elle a résisté à l'orage, & s'est élevée elle même au degré d'importance où elle se trouve.

J'ENTREPRENDS de donner une Relation de cette Isle. Le dessein est assurément louable ; & je suis persuadé que mes Lecteurs m'accorderont volontiers leur indulgence, en faveur d'un sujet si digne de leur attention, sur-tout s'ils daignent considérer, que je suis le premier *Anglois* qui ait eu la curiosité de visiter la *Corse*, & de prendre les informations nécessaires pour s'en former une juste idée. Ils voudront bien aussi excuser l'enthousiasme d'un homme, qui a vécu parmi ces braves Insulaires; dans un tems sur-tout où leur patriotisme étant à son apogée, il doit avoir, en quelque façon, participé à leur caractère, & contracté leur génie.

LE plan que je me suis proposé est de donner une Description Géographique & Physique de cette Isle, pour que mes Lecteurs aient une exacte connoissance d'une Contrée, qui, de nos jours, a produit une race si héroïque

roïque de Patriotes; de retracer un Tableau concis des Révolutions qu'elle a éprouvées depuis les tems les plus reculés, ce qui fervira à préparer l'efprit, & à répandre plus de jour fur la fuite; de faire voir l'Etat préfent de la *Corfe*; & d'y joindre mon Journal d'un Voyage dans cette Ifle, où je rapporte diverfes anecdotes, que j'enrichis de plufieurs mémoires de l'illuftre Général des *Corfes* —— MEMORABILIA PAOLI.

JE déclare fincèrement que je me fens inférieur à cette tâche. Mais j'efpère que l'esquiffe que je trace fera de quelque utilité immédiate, & pourra engager d'autres Ecrivains à exécuter un plan plus parfait. Je m'eftimerai affez heureux fi je contribue, en quelque façon, à donner au Public une jufte idée de la *Corfe*, & fi je puis intéreffer les ames généreufes en fa faveur. Au refte, j'adopterai, pour cet Ouvrage, la fimple & belle Infcription qui fe trouve fur la façade du Palais de *Tolomei* à *Sienne*.

Quod potui feci; faciant meliora potentes.

J'ai fait ce que j'ai pu; que d'autres faffent mieux.

RELATION

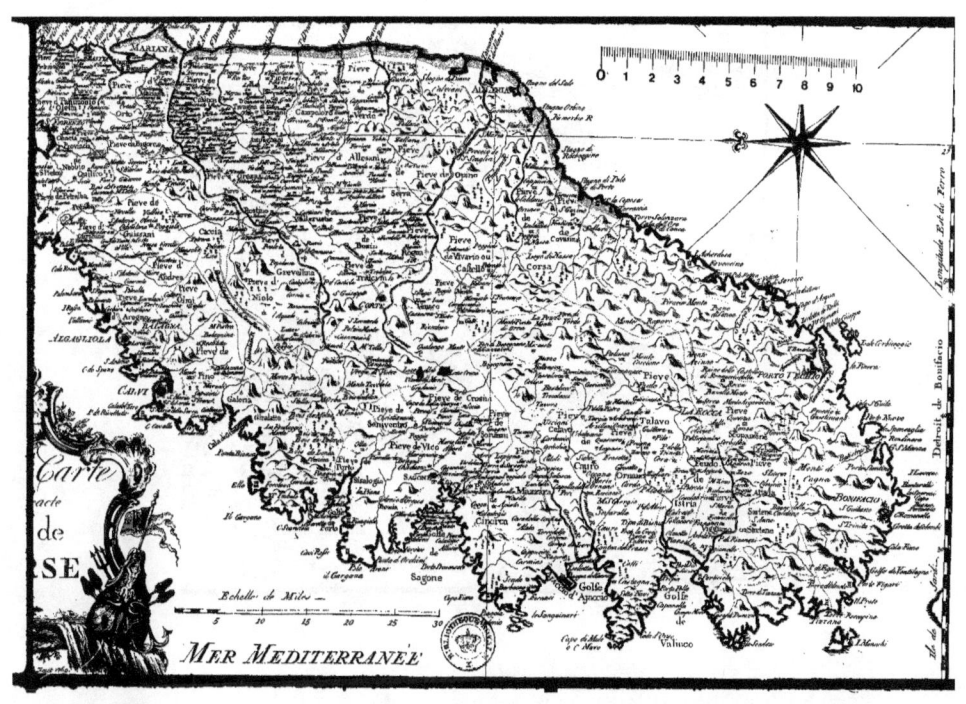

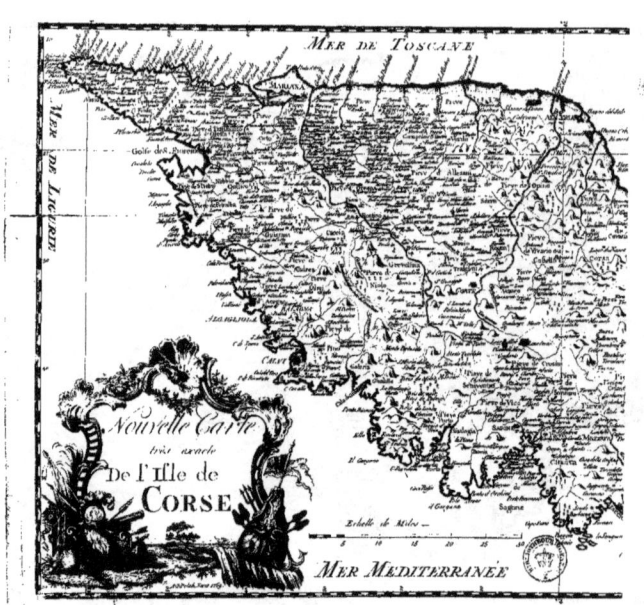

RELATION
DE
L'ISLE DE CORSE.

CHAPITRE I.

De la Situation, de l'Etendue, du Climat, du Sol, & des Productions de la CORSE.

L'ISLE de CORSE est située dans la *Méditerranée*, entre les 41-43 degrés de Latitude Septentrionale, & les 26. 10-27. 15. de Longitude. Elle a, au Nord, la Mer de *Ligurie* & le Golfe de *Gênes* ; à l'Orient, la Mer de *Toscane* ; au Midi, un Détroit de 10 miles la sépare de l'Isle de *Sardaigne* ; & la *Méditerranée* la baigne au Couchant. Son éloignement est d'environ 100 miles au Sud de *Gênes*, & de 80 au Sud-Ouest de *Livourne*, d'où on peut la voir distinctement quand le tems est beau. On lui donne 150 miles de longueur du Sud au Nord, & depuis 40 jusqu'à 50 miles dans sa plus grande largeur, qui est vers le milieu de l'Isle. Sa circonférence est estimée 322 miles ; mais elle en auroit bien 500, à mesu-

A rer

rer exactement les Caps & les Bayes, dont elle est bordée de toutes parts.

PLINE, *l'Ancien*, qui lui assigne la même grandeur, ajoute; ,, que cette Isle, appellée ,, *Cyrne* par les *Grecs*, avoit 33 Villes & 2 ,, Colonies; *Mariana*, fondée par *Marius*, & ,, *Aleria*, établie par le Dictateur *Sylla* (*a*) ''. De ces 33 Villes on n'en trouve pas aujourd'hui plus de 5 ou 6; & les Colonies ne sont reconnoissables qu'à leurs ruines. Mais l'on peut s'en rapporter, à cet égard, à la fidélité ordinaire de *Pline*. *Pomponius Mela* (*b*) & *Ptolomée* sont d'accord entr'eux sur la situation de la *Corse*.

SENEQUE, *le Philosophe*, nous en a laissé deux peintures affreuses, où la vérité brille moins que l'énergie du stile, & que la force d'une imagination troublée par les vapeurs de la mélancolie. On sait que *Seneque*, tout stoïcien & tout austère qu'il fût, n'échappa point à la jalousie de l'Empereur, qui, le soupçonnant d'avoir eu part aux faveurs de la voluptueuse *Julie*, le relégua dans l'Isle de *Corse*, où il passa sept ans. L'on montre encore, dans la Province de *Capo-Corso*, une vieille masure, nommée *il Torre di* SENECA, ou *la Tour de* SENEQUE. C'est-là qu'entr'autres Ouvrages il composa ses Livres de Consolation, & deux Epigrammes outrées, où, malgré toute la fermeté qu'affectoit ce Philosophe, il exhale sa bile contre le lieu de son exil, avec une

aigreur

(*a*) *Plin. Nat. Hist. Lib. II. Cap.* 6.
(*b*) *Pomp. Mel. Lib. II. Cap.* 7.
(*c*) *Ptol. Geog. Lib. III. Cap.* 2.

aigreur, qui ne sert qu'à prouver combien l'amertume de son ame se répandoit sur tous les objets, qui se présentoient sous ses yeux (*d*).

La *Corse* est, sans contredit, une Isle fort agréable. Les anciens *Grecs* l'ont nommée *Calista*, à cause de sa beauté, & nous devons croire qu'elle étoit en grande estime parmi eux, puisque *Callimaque* lui accorde le premier rang, après son Isle chérie de *Delos* (*e*). Les vents de la *Méditerranée* y entretiennent une fraîcheur continuelle pendant l'été, & la masse d'eau, qui l'environne, la garantit du grand froid durant l'hyver; de sorte qu'on peut dire que c'est une Contrée des plus tempérées de cette partie de l'*Europe*. Son atmosphère est pur, & assez subtil pour donner aux fibres de ses habitans une élasticité plus consi-

I.

(*d*) Corsica Phocaeo tellus habitata colono;
Corsica quae Graio nomine Cyrnus eras;
Corsica Sardinia brevior, porrectior Ilva;
Corsica piscosis pervia fluminibus:
Corsica terribilis quum primum incanduit aestas
Saevior, ostendit quum ferus ora canis:
Parce relegatis, hoc est, jam parce sepultis,
Vivorum cineri sit tua terra levis.

II.

Barbara praeruptis inclusa est Corsica saxis;
Horrida, desertis undique vasta locis.
Non poma autumnus, segetes non educat aestas;
Canaque Palladio munere bruma caret;

Umbrarum nullo ver est laetabile foetu,
Nullaque in infausto nascitur herba solo:
Non panis, non haustus aquae, non ultimus ignis,
Hic sola haec duo sunt, exsul, & exsilium.

(*e*) Η δ' ὄπιθεν Φοίνισσα μετ' ἴχνια Κύπριος ὀκκδῦ
Οὐκ ὀστή — CALLIM. *Hymn. in Del. l.* 19.

confidérable qu'on ne fe l'imagineroit, fous un Soleil auffi brûlant. Cependant j'avoue qu'on nous a prefque toujours repréfenté ce Païs comme fort mal fain; ce qui vient, je penfe, des finiftres rapports des *Romains*, qui s'étoient établis à *Aleria* & à *Mariana*, dont la fituation, dans des terres baffes & humides, occafionna, parmi eux, une grande mortalité, & entraina bientôt la ruine de ces Colonies. Mais, à l'exception de quelques diftricts marécageux, on refpire, en général, un air fort falubre dans toutes les parties intérieures de l'Ifle.

La *Corfe* eft fur-tout fournie d'un grand nombre d'excellens Ports; & nous pouvons bien lui appliquer ce que *Florus* dit de la *Campanie* (*f*). Elle a, au Nord, *Centuri*; au Couchant, *San-Fiorenzo*, *Ifola-Roffa*, *Calvi*, *Ajaccio*; au Midi, *Bonifacio*; &, à l'Orient, *Porto-Vecchio*, *Baftia*, & *Macinajo*. Je donnerai une courte defcription de toutes ces Places.

CENTURI n'eft aujourd'hui qu'un très-petit Port, mais qui pourroit être confidérablement élargi, fa fituation étant des plus avantageufes.

SAN-FIORENZO eft un Golfe fpacieux, dont l'enfoncement a près de 15 miles, fur environ 5 de large, avec plufieurs braffes de profondeur; ce qui n'empêche pas qu'il ne foit fouvent fort orageux, étant expofé aux vents d'Oueft; mais il s'y trouve, furtout du côté Méridional, plufieurs Bayes très-fûres, particuliérement une, fous la Tour

(*f*) Nihil hofpitalius mari. *Flor. Lib. I. Cap.* 16.

Tour de *Fornali*, à environ 2 miles de *San-Fiorenzo*, qu'on estime beaucoup, & dans laquelle les plus gros Vaisseaux peuvent se mettre à l'abri de tous les vents.

Isola-Rossa n'offre qu'un Port très-médiocre, mais qui a beaucoup d'eau, & qui se trouve à l'abri des vents d'Ouest par un Ilot, auquel on projette d'ajouter un Môle, pour le fermer de toutes parts. C'est aujourd'hui l'un des principaux Ports commerçans que possèdent les *Corses*.

Calvi (g) est un Port vaste & excellent, que *Cluvier* vante comme *le plus célèbre de l'Isle* (h). Un Officier *François* a voulu néanmoins m'assurer, que le fonds en est rempli de rocs pointus, capables de couper les cables des Vaisseaux qui viennent y mouiller, comme il étoit arrivé à l'un des Transports, qui y avoient débarqué quelques Troupes *Françaises* en 1764. Mais c'est une erreur; & je suis informé, de très-bonne part, qu'il n'y a rien de pareil à craindre à *Calvi*, & que si le Transport en question y avoit souffert quelque dommage, c'étoit pour avoir heurté violemment contre d'autres Bâtimens du même Convoi.

A Jac-

_____

(g.) *Posthlewayt*, dans sa Traduction du *Dictionnaire de Commerce* de *Savary*, fait une remarque absurde au sujet des habitans de *Calvi*, qui, dit-il, sont appellés *Calves*; ce mot *Anglois*, qui signifie des *Veaux*, n'ayant aucun rapport avec le nom *Italien* de *Calvi*; & si c'est une plaisanterie, de la part de ce Lexicographe, il faut avouer qu'elle est bien grossière.

(h) Celeberrimus insulæ portus. *Cluver. Corsic. Antiq.*

AJACCIO est un Port spacieux, commode, & très-sûr, pourvû d'un bon Môle. Son seul défaut est d'avoir en front du Môle un petit Rocher, mais qu'on pourroit enlever à peu de fraix.

LA *Corse* a encore, dans cette partie, plusieurs autres Ports moins considérables, mais fort propres à recevoir de petits Bâtimens.

BONIFACIO est un Port avantageux, fort fréquenté depuis les tems les plus reculés, & très-commode pour le Commerce.

BASTIA n'est pas un Port de la première considération, puisque les Vaisseaux de Guerre ne peuvent point y aborder; mais il a un Môle fort convenable pour les petits Bâtimens, qui, dans le cas d'une tempête subite, ont encore la facilité de relâcher à quelqu'une des Isles voisines, nommées *Gorgona*, *Capraja* & *Ilva*, ou l'*Elbe*, situées dans la Mer qui baigne la Côte Orientale de la *Corse* & la *Toscane*, de même que l'*Etat-Ecclésiastique*.

MACINAJO n'est point un des principaux Ports de la *Corse*, quoiqu'il soit des plus sûrs, & fort commode pour les Vaisseaux de construction legère. C'est de cet endroit que mit à la voile l'Expédition contre *Capraja*, dont il sera parlé ci-après.

DIODORE de *Sicile* célèbre la *Corse* pour l'excellence de ses Ports. ,, L'Isle, (dit-il), ,, qui est d'un accès très-facile, a un fort ,, beau Port, qu'on nomme *le Syracusain* (*i*)." C'est celui que nous appellons aujourd'hui

Porto-

(*i*) *Diodor. Sicul. lib. V.*

Porto-Vecchio, affez vafte pour contenir une très-grande Flotte. Il a 5 miles de longueur, plus d'un mile & demi de large, une profondeur confidérable, & un bon mouillage. Enfermé de toutes parts entre les terres, c'eft un abri fûr contre les tempêtes. La Nature a d'ailleurs placé tout auprès un Mont ou Rocher fort élevé, comme une colomne fuperbe, qu'on découvre, de la Mer, à une très-grande diftance. En un mot, *Porto-Vecchio* ne le cède à aucun des Ports les plus diftingués de l'*Europe*. Le feul inconvenient qu'on y trouve, confifte dans la mauvaife qualité de fon air, occafionnée par la proximité de quelques Marais; mais on peut y remédier, ainfi qu'on l'a fait à l'égard de *Livourne*, qui, par l'habileté & les foins du Chevalier *Robert Dudley*, fils du Comte de *Leicester*, grand Favori de la Reine *Elifabeth*, eft devenu le meilleur Port de l'*Italie* (*k*).

On peut juger, par ce détail fur les Ports de la *Corfe*, combien une Alliance avec cette Ifle feroit importante pour quelqu'une des Puiffances Maritimes de l'*Europe*, fi l'on confidère qu'une Flotte, repartie dans ces parages, feroit en état d'intercepter la Navigation de *Gênes*, de la *Tofcane* & de l'*Etat-Eccléfiaftique*, celle qui fe fait entre l'*Efpagne* & *Naples*, &, en grande partie, celle aux Echelles du *Levant*, fans parler de fon influence fur celle de la *Sardaigne*. D'un autre côté, il n'eft pas moins effentiel d'obferver, que des Vaiffeaux

---

(*k*) *Prefent State of Europe*, p. 411.

feaux, établis en croisière dans les Ports de la *Corse*, se rendroient formidables à la *France* même, la partie Occidentale de l'Isle étant à l'opposite des vastes Côtes de la *Provence*, où l'on peut toujours faire une descente en très-peu de tems.

La Pointe Septentrionale de la *Corse*, nommée *Capo-Corso* (*1*), est longue d'environ 30 miles, remplie de Montagnes & de Rochers, mais couverte de vignes & d'oliviers.

On trouve, dans différentes parties de l'Isle, mais principalement à *Capo-Corso*, un grand nombre de vieilles Tours, construites il y a trois ou quatre cent ans, pour défendre les Insulaires contre les incursions des *Turcs* & d'autres Pirates. Sur la Côte Orientale est un petit Village, nommé *Tomino*, fort par sa situation, & dont les *Genois* ont souvent tenté de s'emparer pendant les derniers troubles, mais toujours sans succès. Les habitans, qui en sont extrêmement fiers, avec raison, montrent, d'un air triomphant, une bombe, que l'ennemi y a jettée, & qu'ils ont placée dans une niche en dehors de leur Eglise, comme un monument glorieux de leur délivrance.

Depuis *Tomino* tirant au Sud, jusqu'à *Bastia*, dans une étendue d'environ 26 miles, l'on a une grande variété de collines, de vallons & de ruisseaux. Sur le rivage se voient plusieurs Villes pauvres, qui vivent de la pêche; & un peu plus avant dans les terres, divers

---

(*1*) Il y a, sur la Côte de *Guinée*, un Endroit qui porte le même nom, je ne sais à quelle occasion. *Cluver. Geog. p.* 537.

divers Villages ou Hameaux, dont la situation est fort riante.

Bastia a jouï pendant long-tems du titre de Capitale de la *Corse*. Les *Genois* y avoient établi le Siège de leur Souveraineté, & c'est encore la Ville la plus considérable de l'Isle. De loin elle s'annonce magnifiquement, étant bâtie sur le penchant d'une montagne ; mais en y entrant on perd beaucoup de l'idée qu'on s'en étoit d'abord formée. La plupart des maisons n'ont ni clarté ni agrémens. Ses rues sont étroites & fort rudes à monter, à cause de la situation de la Ville. On y voit pourtant plusieurs Edifices qui sont assez bons. Elle a un Château, qui commande la Ville & le Port. Quoique *Bastia* soit aujourd'hui en mauvais état de défense, on pourroit en faire une Place très-forte, & capable de soutenir un long siège, en construisant des redoutes sur les hauteurs qui régnent derrière la Ville, & quelques bons ouvrages extérieurs du côté de la Mer. Le Château est situé dans un terrain séparé, qu'on appelle *Terra Nuova*, où est aussi enclavée l'Eglise Cathédrale, qui n'a rien de fort remarquable. *Bastia* relève de l'Evêché de *Mariana*.

L'Eglise de *St. Jean*, dans la Ville même, dont elle n'est pas un des moindres Edifices, appartient aux *Jésuites*, qui y ont un Collège. Leur Maison est charmante, à cause de sa situation & de la beauté du Jardin ; elle est grande & élegamment distribuée. Ils en sont principalement redevables aux *François*, qui sont venus en *Corse* en différens tems. C'est d'eux que les Insulaires ont acquis la plupart

des

des connoiſſances qu'ils poſſèdent dans les Arts les plus utiles pour les commodités de la vie. Il y a encore, ſur le bord de la Mer, un Couvent de *Lazarites* ou Miſſionnaires; il eſt vaſte & magnifique. Le Couvent des *Cordeliers*, & celui des *Capucins*, ſont ſitués ſur les hauteurs qui régnent derrière *Baſtia*. Ce dernier eſt dans une expoſition favorable, & préſente une très-belle façade.

Depuis *Baſtia* tirant au Sud, juſqu'au delà d'*Aleria*, on découvre une plaine continue, de 50 à 60 miles en longueur, également propre à la culture de toutes eſpèces de grains, & au pâturage. C'eſt dans cette plaine que les *Romains* ont eu leurs Colonies de *Mariana* & d'*Aleria*; mais on y chercheroit en vain des veſtiges de l'ancienne grandeur de cette ſuperbe Nation, qui mépriſoit trop la *Corſe* pour y laiſſer des monumens de ſon goût & de ſa magnificence. Cependant, comme la connoiſſance des beaux Arts s'étendoit juſques dans la dernière claſſe du Peuple, l'on a trouvé ici pluſieurs antiques, tels que des anneaux, des ſceaux, des pierres précieuſes gravées, & parmi ces pièces il s'en eſt quelquefois rencontré d'aſſez bonnes. Les ruines d'une ancienne Ville, appellée *Nicea*, qu'on prétend avoir été bâtie par les *Etruſques*, ſe voient encore dans la même plaine; mais elles n'ont rien qui mérite attention.

Derriere *Aleria* le terrain s'élève en petites Collines, propres à la culture des vignes, des oliviers, des mûriers, & même du bled en pluſieurs endroits. Ce Canton eſt traverſé par quelques chaines de Montagnes, couvertes de très beaux chênes, sur-tout dans le voisinage de *Porto-Vecchio*, où croissent les plus beaux, ainsi qu'à *Campo-loro*. Une Contrée fertile & bien arrosée, à quelques intervalles près, règne le long des Côtes de l'Est & du Sud jusqu'à *Bonifacio*, Ville assez considérable, très-peuplée & bien fortifiée. De-là le même terrain continue encore jusqu'à la plaine d'*Ajaccio*.

La Ville d'*Ajaccio* est la plus jolie de toute la *Corse*. Elle a un grand nombre de belles rues, de charmantes promenades, une Citadelle, & un Palais pour le Gouverneur *Genois*. Les habitans de cette Ville sont les plus polis de l'Isle; ce qu'ils doivent à la grande fréquentation qu'ils ont eue avec les *François*. On trouve, à *Ajaccio*, les débris d'une Colonie *Grecque*, qui s'étoit établie en *Corse*, & dont je rapporterai l'histoire particulière dans le Chapitre suivant.

Depuis la plaine d'*Ajaccio*, après avoir passé encore quelques chaines de Montagnes, en suivant la Côte Occidentale, on vient aux Provinces de *Balagna* & de *Nebbio*, qui sont très-riches, & qui offrent une perspective des plus agréables, sur-tout la première, qu'on peut appeler le Jardin de la *Corse*. Aux faveurs distinguées de la Nature, elle joint, à un degré supérieur, les avantages de la cultivation.

San-Fiorenzo, qui suit sur la même Côte, n'est pas une Place considérable, ni d'une grande force. Quelques terres basses & marécageuses, éloignées d'environ un quart de mile au Sud de cette Ville, en rendent

dent le féjour fi mal fain, que peu de gens font tentés de s'y établir, & qu'on eſt obligé d'en changer la Garnifon tous les mois.

Sur la rive Septentrionale du Golfe on voit deux ou trois Villages, dont le principal eſt *Nonza*, petit, à la vérité, mais qu'on peut regarder comme la clef de *Capo-Corfo*, parcequ'il fe trouve fur le feul paſſage qui communique du Cap dans les parties intérieures de l'Iſle du côté de l'Occident, & qu'il eſt appuyé contre un Rocher, élevé de quelques centaines de toifes en ligne perpendiculaire au deſſus du Golfe, ayant, à fon fommet, une Tour, ou petite Forterefſe, qui en commande l'avenue. *Nonza* eſt précifément ce que dit *Ciceron*, parlant d'*Ithaque* : ,, attaché ,, comme un petit nid aux rochers les plus ,, fourcilleux (*m*). " Au-delà commence le Cap, qui fe termine à *Erfa*, où je finis en même tems le tour des Ports & des Côtes de l'Iſle.

Diodore de *Sicile* repréſente la *Corfe* comme une Iſle de grande étendue, fort montagneufe, remplie de vaſtes forêts, & arrofée par une infinité de ruiſſeaux (*n*). En effet fes parties intérieures font en général montagneufes, quoiqu'entre-coupées de fertiles vallées, mais elles ont un air fingulier de grandeur, qui infpire le génie du lieu, & ce courage intrépide & inflexible qui ne plie point fous l'oppreſſion, comme *Homere* dit d'*Ithaque* : ,, Ses
,, Peu-

(*m*) In afperrimis faxulis tanquam nidulum affixus. *Cic. De Orat. lib.* 1. *cap.* 44.
(*n*) *Diodor. Sicul. lib.* V.

,, Peuples font forts, quoique fes bords
,, foient hériffés de rochers (*o*)."

On divife d'abord la *Corfe* en deux parties
générales, qui, au refpect de *Baftia*, fe nomment DI QUA, *en deça*, & DI LA DALLI
MONTI, *en delà les Monts*. On entend par les
Monts, cette grande chaine qui commençant
derrière *Aleria*, coupe l'Ifle en deux parties,
quoique fort inégales, la première excédant
d'un tiers la feconde. Suivant une autre
ancienne divifion, on fuppofoit une ligne tirée de *Porto-Vecchio* au Golfe de *San-Fiorenzo*.
La Partie Orientale fe nommoit BANDA DI
DENTRO, *le Côté en dedans*; & la Partie Occidentale, BANDO DI FUORI, *le Côté en dehors*; ce qui vient apparemment de ce que
les habitans de *Baftia*, & de la plaine d'*Aleria*, fe regardant comme les plus civilifés,
auront appellé ceux du côté oppofé de l'Ifle,
FORRESTIERI, *forains*, ou *étrangers*.

La *Corfe* fe divife ultérieurement en *Provinces*. On en compte neuf; car quoique la plus
grande partie de l'Ifle ait été long-tems fous la
dénomination de FEUDOS, *Fiefs*, qu'elle conferve encore dans les Cartes, la Jurifdiction
des Seigneurs s'éteint fucceffivement, & fera
bientôt réunie au Corps de l'Etat.

Enfin, une dernière fubdivifion de l'Ifle eft
en *Piéves*. On entend, par le mot de *Piéve*,
proprement une Jurifdiction Eccléfiaftique,
qui comprend un certain nombre de Paroiffes
fous la régie d'un PIEVANO, ou *Curé principal*,
au-

(*o*) Τρηχεῖ, ἀλλ' ἀγαθὴ κουροτρόφος. Odyff. lib. IX. l. 27.

auquel les autres Prêtres sont subordonnés, & qui tire sa part des Dîmes. Mais cette division est aussi en usage pour les affaires civiles, que pour celles de l'Eglise.

Il y a, en *Corse*, de vastes Cantons déserts, la plupart couverts de Bois, où, dans quelques endroits, les Païsans se retirent en été, sous de petites cabanes, pour faire paître leurs bestiaux, & pour recueillir des chataignes. On n'y voit point, comme par-tout en *Angleterre*, des Métairies ou Maisons écartées. Les *Corses* se rassemblent dans de petits Villages, qu'ils appellent, par corruption, Paeses, *Païs* (*p*), où ils trouvent les agrémens de la société réunis à une plus grande sureté (*q*); & ces Villages sont la plupart bâtis au sommet des Montagnes, ou sur la cime de Rochers escarpés, d'une hauteur si prodigieuse, qu'on a de la peine à en discerner les maisons pendant le jour; mais rien n'est plus ravissant que le coup d'œil qu'ils présentent la nuit à la lueur d'une infinité de feux, que les Bergers allument de toutes parts dans les environs.

Au centre de l'Isle se voit *Corte*, qui en est proprement la Capitale, & qui sera, sans doute, quelque jour, une Ville fort con-

---

(*p*) A cette occasion je me rappelle qu'un jour ayant entendu que j'aurois à faire plusieurs miles de chemin, *senza veder un' paese* ,, sans voir un païs "; je ne pus jamais comprendre ce qu'on me vouloit dire.

(*q*) Les habitans des Cantons *Suisses* & ceux de quelques parties de l'*Allemagne*, sont encore assez dans cet usage, qui a été anciennement celui de tous les Peuples de la Terre.

considérable. Le Général y a son Palais. Elle est le Siège du Gouvernement suprême de l'Isle, & le Lieu où se tiennent annuellement les Assemblées générales de la Nation. L'Université, qui y est établie, pourra devenir célèbre avec le tems, quoique la *Corse* n'atteindra pas si aisément la réputation d'*Athènes* sçavante, que celle de *Thèbes* guerrière.

CORTE est située en partie au pied, & en partie sur le penchant d'un Rocher, vers le confluent des Rivières *Tavignano* & *Restonico*, dans une plaine fertile, assez étendue, environnée & fermée par des montagnes d'une hauteur étonnante, presque inaccessibles, avec des défilés étroits, qu'une poignée d'hommes peut défendre contre de nombreuses Armées.

DERRIERE la Ville, sur une pointe du Rocher, élevée au dessus du reste, & fort escarpée de tous ses côtés, se voit le Château, ou la Citadelle (*r*), qui passe pour imprenable, n'ayant qu'une seule avenue tortueuse, où il ne peut monter que deux hommes de front. En 1554, selon Mr. de *Thou*, les *François* étoient maîtres de ce Château (*s*), qu'ils perdirent par la trahison d'un Capitaine, nommé *La Chambre*, qui fut pendu depuis à *Marseille*. Le même Historien nous apprend encore, qu'après que les *Corses* eurent ainsi recouvré la Citadelle de *Corte*, *Paule de Thermes*, Général *François*, étant venu

___

(*r*) Curiæ arx saxo fere undique prærupto imposita. *Thuan. Hist. tom.* 1. *p.* 507.
(*s*) *Ibid.*

nu l'affiéger, ils s'y foutinrent depuis le mois d'Août jufqu'au mois d'Octobre, & que ce ne fut encore que la difette d'eau qui les obligea à la fin de fe rendre.

Dans la plaine, au Nord de *Corte*, il y a un Couvent de *Capucins*; & fur la pente des hauteurs du côté du Sud, les *Cordeliers* en ont un autre, où le Général faifoit fa demeure, tandis qu'on étoit occupé à reparer fon Palais. Tous les étrangers de diftinction font logés dans ce Couvent, d'où l'on a la plus belle vue fur la Ville. Mrs. *Harvey* & *Burnaby*, pendant le féjour qu'ils y ont fait, enchantés de cette perfpective admirable, s'imaginoient, difent-ils, être à *Lacédémone*, ou dans quelqu'autre ancienne Ville de la *Gréce*. La defcription que *Tite-Live* fait d'*Héraclée* (*t*), leur paroît convenir parfaitement à *Corte*. Ils citent encore le même Hiftorien (*u*) & *Paufanias* (*v*) dans le parallèle de cette Ville avec *Lacédémone*; mais ces favans Voyageurs ne trouvent pas de reffemblance plus frappante, qu'entre *Lycurgue* & *Paoli* (*w*).

La *Corfe* eft extrêmement bien arrofée. Ses principaux Lacs font ceux d'*Ino* & de *Crena*, éloignés l'un de l'autre d'environ deux miles; tous deux fort vaftes & fitués fur la cime de la plus haute Montagne de l'Ifle, appellée, par les Anciens, *Mons Aureus*, aujourd'hui *Graduccio*, ou *Monte-Rotondo*. On peut la comparer aux *Alpes*,

(*t*) *Lib.* 86. *cap.* 22.
(*u*) *Lib.* 34. *cap.* 38.
(*v*) *Lib.* III. *cap.* 17.
(*w*) *Mr. Burnaby's Journal.*

Alpes, pour son élévation prodigieuse. De son sommet l'on a une vue fort étendue sur toute la *Corse*, sur les Mers & les Isles voisines, & jusques sur les Côtes de *France* & d'*Italie*. Mais la difficulté de son accès ne permet guères de jouïr d'un si beau spectacle, puis qu'on est obligé de grimper sur ses mains & sur ses genoux, pendant deux miles, pour gagner la cime d'un rocher presque perpendiculaire, qui termine cette immense Montagne, qu'on trouve couverte de neige durant la plus grande partie de l'année.

Dans la plaine d'*Aleria*, proche de *Mariana*, on trouve un fort grand Lac, nommé *Chiurlina* ou *Biguglia*, &, dans le voisinage d'*Aleria*, un autre, appellé *Il Stagno di Diana*, qui tous deux communiquent avec la Mer; le dernier a cela de remarquable, que lorsque l'ardeur du soleil d'été a exhalé une partie de ses eaux, & que les sables de son lit ont absorbé le reste, elles y laissent une espèce de sel naturel, que les Insulaires trouvent fort bon, & dont ils font constamment usage.

Les Rivières de la *Corse* sont; le *Golo*, grand & beau Fleuve, qui a sa source dans le Lac d'*Ino*, traverse plusieurs Provinces, & après un cours d'environ 70 miles se jette dans la Mer près de l'ancienne Ville de *Mariana*. Le *Tavignano*, autre Fleuve considérable, qui sort du Lac de *Crena*, passe par une vaste étendue de Païs incultes & déserts, & aboutit de même à la Mer près de l'ancienne Ville d'*Aleria*. La *Restonica*, quoique petite, est fameuse en *Corse* par ses propriétés singulières. Ses eaux sont cristalines & fort

B agréa-

agréables à boire (*x*). On leur attribue même une qualité minérale & falubre; mais elles ont au moins celle de blanchir tous les corps durs; & les pierres le long de fes bords reffemblent à des monceaux de chaux. J'ai vu, fur la route entre *Rome* & *Naples*, une fource fulphureufe, qui tient de la même vertu, excepté qu'elle ne donne pas une teinte de blancheur auffi éclatante, que la *Reftonica*, qui rend le fer poli comme l'argent, & ne le rouille jamais. Les *Corfes* y plongent fouvent leurs armes pour les tenir nettes.

Il y a encore plufieurs autres Rivières, dont je ne m'arrêterai point à faire la defcription particulière; Telles font la *Prunella*, la *Fiumorbio*, la *Gravone*, la *Valinco*, la *Talavo*, la *Liamone*; tous noms fort poëtiques. L'Ifle eft auffi arrofée par un grand nombre de ruiffeaux, qui en fertilifent les terres, & y entretiennent une fraicheur continuelle.

L'on a prétendu qu'avec des foins & des dépenfes on pourroit rendre navigables quelques-unes des Rivières de la *Corfe*; mais je penfe que ce feroit peine perdue, parce que leur cours eft d'une rapidité extraordinaire, & que les torrens, qui tombent des montagnes, après de groffes pluies, entrainent fouvent des parties de rocs capables de mettre en pièces les Vaiffeaux qui fe rencontreroient fur leur paffage.

On

(*x*) *Seneque* n'a certainement jamais vu la *Reftonica*, fans quoi il n'auroit point dit que la *Corfe* n'avoit pas d'eau bonne à boire. (Non hauftus aquæ.) Voyez fa 2de. Epigramme ci-deffus pag. 2.

On trouve, dans différentes parties de l'Isle, un grand nombre de sources minérales, chaudes & froides, que les habitans croient souveraines à la guérison de plusieurs maladies; & d'habiles gens, sur-tout quelques Médecins *François*, qui en ont fait l'analyse par la Chymie, les ont aussi approuvées.

La *Corse* est extrêmement bien pourvue de poisson, quoique les Rivières & les Lacs d'eau douce ne donnent que des truites & des anguilles, mais en abondance, fort grasses, & d'une grosseur extraordinaire. La principale pêche de la *Corse* est celle qui se fait à la Mer sur toutes ses Côtes, qui fournissent une étonnante variété des meilleurs poissons, sur-tout une espèce de thons ou d'éturgeons, & la petite sardine, qui est d'un goût exquis; & dans plusieurs endroits les *Corses* ont de fort vastes étangs remplis d'huitres, dont ils tirent une quantité suffisante pour leur propre consommation, & même pour en faire des exportations considérables dans toute l'*Italie*. De toute ancienneté la *Corse* a été renommée pour la bonté de ses poissons; témoin ce qu'en dit *Juvenal* dans une de ses *Satires* (y). En parlant des productions marines de cette Isle, je dois observer, qu'on y pêche encore beaucoup de corail blanc, rouge & noir; mais j'en traiterai plus amplement sous l'Article du Commerce.

Cette Isle offre, aussi bien que la plupart
des

(y) Mullus erit domini quem misit Corsica. Juv. *Sat. V. l.* 92.

des autres Contrées de l'*Europe*, une grande variété d'animaux terreftres. Les chevaux y font, en général, d'une très-petite race. *Procope* dit, ,, qu'ils courent en troupes, & ,, ne font guères plus grands que des bre-,, bis (z)''. Ils ont cependant beaucoup de feu, & font fort robuftes. J'en ai vu même qui étoient d'une affez bonne taille. Les ânes & les mulets font auffi petits; mais forts, & d'une agilité merveilleufe à grimper les montagnes & les rochers; car à peine trouve-t'on une route battue dans toute l'Ifle; ce qui, felon l'obfervation du Chevalier *Alexandre Dick*, a été d'un très-grand avantage pour les *Corfes*, lorfqu'ils fe font vus obligés de défendre leur liberté naturelle. Si leur Païs eût été ouvert & acceffible, ils auroient été facilement fubjugués par des Troupes régulières. C'eft en grande partie à la faveur de leurs montagnes efcarpées, que les *Ecoffois* ont anciennement conférvé leur indépendance.

Les bêtes à cornes font, à proportion, d'une taille plus avantageufe que les chevaux; mais la plupart des terres de l'Ifle ne font pas fort propres à leur pâture; de forte qu'en général la viande de bœuf eft maigre & coriace, & que les vaches donnent peu de lait, dont les habitans n'ont d'ailleurs pas befoin pour faire du beurre, auquel ils fubftituent l'huile, de même qu'en *Italie* & dans les Païs les plus chauds. Cependant ils font, dans quelques Pièves, une bonne quantité de fromages.

Les

(z) *Procop. de Bell. Goth. Lib. III. Cap.* 24.

Les *Corses* ont un grand nombre de chevres, qui broutent fur les montagnes défertes, & rappellent à la mémoire les *Bucoliques* de *Virgile*, où il eft fi fouvent fait mention de ces animaux. Les brebis ne font pas en moindre quantité, & comme elles trouvent une nourriture excellente, la viande de mouton eft auffi tendre & auffi fucculente qu'on puiffe la fouhaiter, ce qui compenfe la mauvaife qualité du bœuf. En général les brebis de la *Corfe* font noires, & les blanches fort rares. Leur laine eft groffière & rude, ce qu'on attribue à leur origine bâtarde. On a eu l'idée d'en faire venir d'une bonne race d'*Angleterre* ou d'*Efpagne*; mais des Bergers m'ont affuré que la mauvaife qualité de la laine doit être plutôt attribuée à la nature des pâturages, qu'à l'efpèce des brebis, & qu'en les changeant de lieu, leur laine devient fouvent meilleure. Il n'eft pas rare d'y voir des brebis qui ont 4, & jufqu'à 6 cornes.

Les forêts de l'Ifle font remplies de bêtes fauves. Un des plus curieux animaux qu'on y trouve, c'eft le *Muffoli*; il reffemble à un cerf à trois cors; mais il a les cornes d'un mouton, & la peau extrêmement dure. Il eft fort farouche, & vit fur les plus hautes montagnes, où il eft bien difficile de le fuivre. D'ailleurs il faute de rocher en rocher à plufieurs pieds de diftance; quand il fe voit pourfuivi jufqu'à l'extrêmité d'une cime efcarpée, & qu'il ne lui eft pas poffible d'en atteindre une autre, il fe précipite du haut en bas, avec une agilité furprenante, & retombe toujours fur fes cornes, fans fe faire aucun mal. Ces animaux s'apprivoifent aifément, lorfqu'on les prend jeunes (*a*).

Les beftiaux de la *Corfe*, en général, paroiffent fauvages aux étrangers. *Polybe* en donne pour raifon, „ la difficulté qu'ont les „ Bergers à fuivre leurs troupeaux fur les „ hauteurs efcarpées & dans les bois touffus „ de l'Ifle (*b*)". On y trouve quantité de fangliers, & un très-grand nombre de porcs, qui s'accouplant avec eux dans les bois, forment une efpèce diminutive de leur genre. Comme ils fe nourriffent de châtaignes, le lard en eft délicieux.

Les *Corfes*, qui font fort paffionnés pour la chaffe du fanglier, y emploient une excellente race de gros dogues, à long poil, extrêmement farouches; mais quand ils ont pris une fois de l'attachement pour leur maître, ils font fidèles, vigilans, & intrépides à le défendre.

Procope nous dit „ qu'il y avoit, en *Cor-* „ *fe*, des finges merveilleufement reffemblans „ à l'efpèce humaine (*c*)"; & le voifinage de l'*Afrique* nous autorife à fuppofer, que ces animaux fe font également trouvés dans toutes les Parties Méridionales de l'*Europe*, avant qu'elles fûffent bien habitées. Cependant

___

(*a*) J'en ai vu un chez Mr. de *Marboeuf*, qui commandoit les Troupes *Françoifes* pendant mon féjour dans l'Ifle de *Corfe*, & il s'en trouve actuellement deux à *Shugborough, in Staffordfhire*, Terre de Mr. *Anfon*, qui poffède une riche Collection des principales curiofités de la Nature & des Arts.
(*b*) *Polyb. Hift. Lib.* XII.
(*c*) *Procop. de Bell. Goth. Lib.* III. *Cap.* 24.

dant on n'y en voit plus; ce qui prouve que différentes espèces de brutes passent d'un Païs à l'autre; & quoique certaines races soient entiérement éteintes dans des Contrées où elles ont été bien connues autrefois, je ne suis pas pour cela porté à croire, que le sage Auteur de la Nature veuille permettre l'anéantissement total d'aucune de ses créatures.

On trouve dans l'Isle quantité de lièvres, mais on n'y voit point de lapins, quoique *Polybe* lui en donne une espèce, dont il décrit exactement la forme & les propriétés. Il ne s'y rencontre ni loups, ni autres bêtes féroces, à moins qu'on ne mette de ce nombre les renards, qui sont fort gros & très-carnaciers. On dit qu'ils dévorent nonseulement des brebis, mais même des poulains.

Il y a en *Corse* quantité d'oiseaux de proie, sur-tout des aigles & des vautours. Les montagnes sont aussi remplies de pigeons-ramiers, de tourterelles, de grives, de merles, & de plusieurs autres petites espèces; il y a de même une grande abondance de gibier, comme perdrix, becasses, becassines, & auprès des lacs beaucoup d'oiseaux aquatiques. Les grives & les merles même doivent aussi faire partie du gibier, tant par leur nombre, que par leur délicatesse. Ces deux espèces d'oiseaux, qui se nourrissent de baies d'arbustes, dont l'Isle abonde, sont fort gras & succulens. Mais quel dommage de détruire de petits animaux, qui nous charment par leur ramage mélodieux! C'est cependant mêts des plus communs dans les Contrées méridionales, fur-tout en *France*.

En général on peut obferver, que cette Ifle, par un privilège fingulier de la Nature, n'a point d'animaux venimeux. Le fcorpion y eft rare, & n'eft même pas dangereux. L'infecte, qui approche le plus d'un animal venimeux, eft une araignée d'une groffeur extraordinaire, dont la morfure eft fuivie d'une inflammation affez confidérable pour allarmer les perfonnes qui ne la connoîtroient pas; mais la douleur s'appaife plus vite que celle qu'on reffent de la piqûre de nos abeilles, & il n'en réfulte aucun accident fâcheux. Quelques Auteurs ont pris mal à propos cette araignée pour la fameufe *Tarantule* du Royaume de *Naples*.

Le bois croit merveilleufement en *Corfe*, & l'on y a de prefque toutes les fortes d'arbres de haute futaie; mais fur-tout des pins de différentes efpèces, des chênes & des châtaigners, tous d'une grandeur confidérable; parmi les pins en particulier il s'en trouve qui font d'une hauteur exceffive; & les châtaigners fe font remarquer par leur épaiffeur auffi prodigieufe.

On voit de vaftes Forêts en divers endroits de l'Ifle. Celle de *Vico* eft la plus remarquable. La *Corfe* produit affez de bois pour entretenir une très-nombreufe Flotte, & il eft plus dur qu'on ne s'y attendroit fous une latitude fi méridionale; ce qui vient du fol pierreux de l'Ifle, des courans perpétuels d'air frais entre fes vallées, & de fa température, occafionnée par les neiges, dont

quel-

quelques-unes de ſes montagnes ſont couvertes la moitié de l'année, & c'eſt-là en même tems une des principales cauſes de la ſalubrité du climat; en quoi la *Corſe* a certainement un grand avantage ſur la *Sardaigne*.

L'ILEX ou *Chêne verd*, y eſt fort commun, & donne, même au cœur de l'hyver, un aſpect riant au Païs. Il y a auſſi beaucoup de limoniers, d'orangers, de figuiers & d'amandiers; mais peu de noyers; les pommes, les poires, les prunes & les ceriſes ne ſont pas des meilleures, ce qui vient apparemment de la négligence des habitans. La *Corſe* poſſéde la pomme de grenade à une grande perfection, ainſi que le figuier d'*Inde* & l'Aloës; ce dernier, à ce qu'on prétend, y fleurit auſſi bien que dans l'*Orient*.

LES Montagnes de *Corſe* ſont couvertes de fraiſiers, qui, dans la ſaiſon de leurs fruits, font paroître la terre comme tapiſſée de la plus belle écarlate à perte de vue, & rien ne reſſemble mieux que cette Iſle à l'agréable peinture que *Virgile* nous fait du ſéjour de la félicité champêtre (*d*).

LES mûriers croiſſent bien en *Corſe*, & ne ſont pas ſi expoſés aux mauvais tems qu'en *Italie* & dans les Parties Méridionales de la *France*; de ſorte que ſi l'Iſle jouiſſoit de la tranquillité & des douceurs de la paix, elle pourroit produire une grande abondance de ſoie.

N'ou-

(*d*) Glande ſues laeti redeunt, dant arbuta ſylvae:
Et varios ponit foetus autumnus & alte
Mitis in apricis coquitur vindemia ſaxis.
                    VIRG. *Georg. lib.* II. *l.* 520.

N'oublions pas le laurier, fur lequel la *Corfe* a des droits fi fondés. Le bouis y eſt une plante fort commune. Dans la plûpart des autres Païs, c'eſt un ſimple arbuſte, qu'on n'emploie en général qu'à former des hayes; mais en *Corfe* il pouſſe un jet aſſez confidérable pour être mis au rang des bois de charpente. Bochart (e) a fort ingénieuſement démontré, que les bancs des Navires de *Tyr*, qui, ſuivant la verſion vulgaire d'*Ezechiel*, chap. XXVII. verſ. 6., ſont dits avoir été faits d'ivoire, apportée des Iſles de *Kittim*, étoient plus probablement faits de bouis de *Corfe* (*f*).

THEOPHRASTE, dans ſon *Hiſtoire des plantes*, s'étend beaucoup ſur la grandeur merveilleuſe des arbres de la *Corfe*; „ au prix „ deſquels (dit-il) les pins du *Latium* n'é- „ toient rien; " & il ajoute en termes très- énergiques, „ que l'Iſle entière ne paroiſſoit „ être qu'une vaſte forêt, dont les arbres é- „ toient *d'une hauteur & d'une épaiſſeur immen-* „ *ſes* ". A cette occaſion il rapporte une é- trange tradition, ſavoir, que les *Romains*, frappés de la beauté de ces bois, y avoient conſtruit un Navire prodigieux, qui ne portoit pas moins de 50 voiles, mais qui périt dans l'*Ocean* (*g*). Cet Auteur rend un autre ancien témoignage à la bonté du climat, du ſol, & de l'air de cette Iſle, en diſant, „ qu'à ces „ trois égards elle excelloit de beaucoup par „ deſſus les autres Contrées (*h*) ".

LES

(*e*) Bochart *Geog. Sac. pars* I. *lib.* I. *cap.* 5.
(*f*) Theophraſt. *Hiſt. lib.* V. *cap.* 9.
(*g*) *Ib.*
(*h*) *Ib.*

Les différentes espèces de grains qu'on a en *Corse* sont, le froment, l'orge, le ris & le millet, qui croissent tous fort bien dans plusieurs parties de l'Isle; mais l'avoine y manque, de même que dans d'autres Contrées méridionales; à sa place on donne de l'orge aux chevaux & aux mulets. Le millet y est excellent, & mêlé avec le ris, on en fait de bon pain, dont les Païsans sont fort friands. Les châtaignes peuvent être comptées pour une espèce de grain, puisqu'elles en tiennent lieu à tous égards. On les mange rôties en guise de pain, &, de la farine qu'on en fait, on cuit encore de fort bons gâteaux.

Le miel est en grande abondance dans l'Isle, qui de toute ancienneté a été renommée pour ses nombreux essains d'abeilles. Du tems qu'elle étoit soumise aux *Romains*, on avoit imposé, sur cette production, un tribut annuel de 200,000 livres pesant de cire (*i*). En effet le laurier, l'amandier & le myrthe, dont les abeilles succent les fleurs aromatiques, y sont fort communs; & les collines paroissent sont toutes couvertes de thym sauvage & d'autres plantes odoriférantes. Cependant ce miel a toujours passé pour avoir une certaine amertume, qui lui est communiquée par les sucs du bouis & de l'if, suivant l'observation de *Diodore de Sicile*, (*k*) & de *Pline le Naturaliste* (*l*). *Virgile* (*m*) & *Martial* (*n*) la

_____
(*i*) *Liv. Lib.* XIII. *cap.* 7.
(*k*) *Diodor. Sicul. Lib.* V. *cap.* 295.
(*l*) *Plin. Lib.* XVI. *cap.* 16.
(*m*) Sic tua Cyrnaeas fugitur examina taxos.
     Virg. *Eclog.* IX. 30.

(*n*) la lui ont aussi reprochée ; mais bien des gens la trouvent fort agréable. Au reste, la cause à laquelle *Pline* attribue l'amertume du miel de *Corse*, est la même qu'il assigne à l'excellence de la cire ; ,, composée (dit-,, il) des sucs de l'arbre de bouis, qu'on ,, croit avoir une certaine vertu médicina-,, le (*o*)."

Il y a en *Corse* plusieurs mines de plomb, de cuivre, de fer & d'argent. Près de *San-Fiorenzo* on en trouve une de cette dernière espèce, qui est fort riche, & rend plus de la valeur de 5 liv. sterl. de chaque 100 liv. pesant de marcassite. Le fer de *Corse* est excellent, & d'une ductilité qui approche celle du fer affiné d'*Espagne*, si renommé par tout l'Univers. On prétend que les véritables barres d'*Espagne* sont faites de fers de mulets, portés & battus pendant long-tems sous leurs pieds ; mais la quantité de ces barres qu'on débite dans toutes les parties de l'*Europe*, est trop grande pour qu'elles puissent avoir toutes la même qualité, & en général elles ne sont guères supérieures à celles de la *Corse*, que les forgerons de l'Isle fabriquent déja très-bien (*p*).

Dans différentes parties de la *Corse*, il se trou-

(*n*) Audet facundo qui carmina mittere Nervae,
    Hyblaeis apibus Corsica mella dabit.
            MARTIAL. *Lib.* IX. *Epig.* 27.
(*o*) *Plin. Nat. Hist. Liv.* XVI. *cap.* 16.
(*p*) On a tiré, des mines de fer, & du nom *Latin* de la *Corse*, une allusion au caractère de ses habitans. *Jerôme de Marinis*, *Genois*, qui a écrit un Traité sur
            l'Etat

trouve des mines d'alun & de falpêtre, ainfi qu'une efpèce de granit très-dur, qui approche de la qualité de celui d'*Orient*, fi renommé à *Rome*, & dont il refte encore de fi belles colomnes, qu'on dit avoir été apportées d'*Egypte*. Je n'oferois conjecturer que quelques-unes de ces colomnes pourroient bien avoir été un produit de la *Corfe*; car outre la perfection des hiéroglyphes, qui prouvent leur origine *Egyptienne*, je ne fais pas fi l'on peut tirer de l'Ifle, des pièces de granit d'un tel volume. Cependant on y a du porphire, & une grande diverfité de jafpe. L'intérieur de la magnifique Chapelle du Grand-Duc de *Tofcane* à *Florence* eft revêtu du jafpe de *Corfe*, artiftement incrufté, & qui fait un coup-d'oeil admirable.

Aux bords du Lac d'*Ino*, & jufques fur les Montagnes d'*Iftria*, l'on trouve des morceaux

l'Etat & le Gouvernement de la République, dit, en parlant de cette Ifle: ,, Terrae vifcera ferri fodinis af-
,, fluunt, naturae cum ipfo Corficae nomine in uno
,, confpirantis præjudicio. Corfi enim corde funt ferreo,
,, adeoque ad ficam armaque prono ". *Graev. Thefaur. Antiq.* vol. I. p. 1410. Cette pointe, qui tombe, comme on voit, fur *Corfica*, divifé en deux mots, *Corfica*, Cor, le *cœur*; Sica, un *ftilet*, *cœur-d'acier*, n'auroit point de grace en *François*: Cependant elle eft affez bien rendue par ces deux vers de *Crebillon*, (dans *Radamifte & Zenobie*,) que le Marquis d'*Argens* (*Lettres Juives*, let. 51.) applique à la *Corfe*.
,, La nature marâtre en ces afreux climats,
,, Produifoit, au lieu d'or, du fer & des foldats."
On peut y ajouter cet autre vers *Anglois* de Mr. *John Home*
   And virtue fpringing from the iron foil.
,, Et de fon fol de fer la vertu femble naître."

ceaux de criſtal de roche, fort clair, & à cinq facettes, comme s'ils avoient été taillés par un lapidaire. Ce criſtal eſt ſi dur, qu'il jette des étincelles, & ſert de pierres à fuſil aux *Corſes*.

Pres de *Baſtia* on tire de terre une eſpèce de minéral, que le peuple du Païs appelle *petra quadrata*, parce qu'il ſe trouve toujours en petits cubes, qui ont à-peu-près la dureté du marbre, la couleur de la mine de fer, & la peſanteur du plomb. Les *Corſes* attribuent des vertus ſurnaturelles à ces pierres, comme le prouve un mauvais diſtique monachal fait à ſa louange (*q*).

La deſcription que je viens de donner de la *Corſe*, peut faire juger de la grande importance de cette Iſle, qui, ſuivant les Tables de Mr. *Templeman* (*r*), contient 2520 miles quarrés. Elle a un grand nombre de bons Ports, ſon air eſt excellent, & ſes productions ſont auſſi riches que variées.

Pour concluſion de ce Chapitre, on renvoie le Lecteur à la deſcription qu'*Homere* fait de l'Iſle d'*Ithaque*, & qui, en général, peut être appliquée à la *Corſe* (*s*).

(*q*) Petrae quadratae duro de marmore natae,
 Innumeras dotes quis numerare poteſt!
(*r*) *New Survey of the Globe*.
(*s*) *Odyſſ. lib.* XIII. *l.* 238.

CHAPITRE II.

CHAPITRE II.

Histoire abrégée des Révolutions *qui ont agité la* Corse *dans les tems les plus reculés.*

Hérodote est le plus ancien des Historiens qui ayent parlé de la *Corse*, sous le nom de *Callista*. Ses premiers habitans, dit-il, furent des *Phéniciens*, que *Cadmus*, fils d'*Agenor*, y laissa avec son cousin *Membleareus*, lors qu'allant à la recherche de sa sœur *Europe*, il aborda dans cette Isle (*a*). Huit générations après, *Theras* y amena une Colonie de *Lacédémone*. *Theras*, (*b*) issu de la race de *Cadmus*, & oncle maternel d'*Eurysthenes* & de *Proclès*, enfans d'*Aristodeme*, avoit gouverné le Royaume, en qualité de Tuteur de ses deux neveux. Lorsque ceux-ci parvinrent au Trône de *Sparte*, *Theras*, ne s'accommodant point d'une vie privée sous la domination de ses pupilles, résolut de quitter *Lacédémone* pour aller joindre ses Compatriotes dans l'Isle *Callista*. Il s'y rendit donc (*c*) avec quelques Compagnons choisis, sans aucun dessein d'en expulser les anciens habitans, mais au contraire dans les dispositions les plus amiables à leur égard.

Quel-

(*a*) *Herodot. Lib. IV. Cap.* 147.
(*b*) *Ibid.*
(*c*) *Ibid & Cap.* 148.

QUELQUE tems après, les *Minyens*, tribu vagabonde, refugiée chez les *Lacédémoniens*, étant devenus suspects, par leurs vues ambitieuses, furent saisis & condamnés à la mort; mais *Theras* persuada les *Spartiates* de leur accorder la vie, sous promesse de les transporter hors du Païs; ce qu'ayant obtenu, il les conduisit dans l'Isle *Callista* pour renforcer la nouvelle Colonie qu'il y avoit établie; & c'est de son nom que l'Isle fut appellée *Thera*. Quoique étrangers & errans parmi les *Lacédémoniens*, les *Minyens* ne laissoient pas que d'avoir une origine illustre, puisqu'ils descendoient de ces anciens Héros, connus sous le nom d'*Argonautes* (d).

CE récit de la façon dont la *Corse* a été d'abord peuplée, est un curieux morceau de l'Histoire ancienne. En effet, il est fort probable que l'Isle a eu, pour habitans originaires, les *Phéniciens* ou les *Phocéens*, qui les premiers ont étendu leur navigation dans les Mers d'Occident, & envoyé des Colonies en diverses Régions éloignées.

L'ISLE reçut ensuite le nom de *Cyrnus*, du grand nombre de ses promontoires; & *Isidore* (e) nous raconte de quelle manière elle eut depuis celui de *Corsica*. Selon lui, une femme de *Ligurie*, appellée *Corsa*, ayant souvent observé un taureau, qui nageoit du côté de l'Isle, & en revenoit beaucoup plus gras, eut la curiosité de le suivre dans un petit vaisseau, & découvrit ainsi l'Isle, qui
lui

(d) *Ibid. Cap.* 145.
(e) *Isidor. Origin. Lib.* XIII. *Cap.* 6.

lui parut belle & fertile. Sur celà les *Liguriens* y envoyerent une Colonie, & donnerent à l'Isle le nom de cette femme. Si celà n'est qu'une fiction, l'on peut aisément supposer d'où elle tire son origine, car il est très-probable, qu'un Peuple de la Côte opposée de l'*Italie*, soit les *Liguriens* ou les *Etrusques*, se sera mis en possession de la *Corse*.

Quoiqu'il en soit de cette conjecture, il est certain que l'Isle eut ensuite pour maîtres les *Carthaginois*, qui étendirent leurs conquêtes sur toutes les autres Isles de la *Mediterranée*. *Aristote* rapporte un trait fort extraordinaire de la Politique *Punique* à l'égard de la *Corse*. Trouvant qu'il leur seroit difficile de tenir les habitans dans la sujettion, ils ordonnerent d'arracher toutes les vignes & tous les oliviers dans l'Isle, & défendirent aux *Corses*, sous peine de mort, d'ensemencer leurs champs d'aucune espèce de grain, afin de les réduire dans la dépendance la plus absolue, & de les obliger, malgré la fertilité de leur terroir, d'aller en *Afrique* chercher les premières nécessités de la vie. C'est ainsi qu'une République commerçante exerça dès lors sa lâche & barbare Politique contre ces Peuples.

La *Corse* passa depuis sous la domination de *Rome*. Ce fut environ l'an 493. de la fondation de cette Ville, que *Lucius Cornelius Scipio* (*f*) en fit la conquête, dans la première

_____
(*f*) *Liv. Epit. Lib. XVIII. Flor. Lib. III. Cap.* 2.

mière Guerre *Punique*, contre une Armée de *Sardes* & de *Corſes*, commandée par *Hannon*, Général *Carthaginois*.

Il paroît néanmoins que les *Corſes* ne ſouffroient qu'impatiemment le joug de la ſervitude, & qu'ils firent de continuelles tentatives pour recouvrer leur liberté. C'eſt ce dont nous avons un exemple dans l'Epitome du XXe. Livre de *Tite-Live*. Nous les trouvons enſuite aux priſes avec le Préteur *M. Pinarius*, qui en défit 2000, les obligea de lui donner des otages, & les aſſujettit à payer un tribut de 100000 liv. peſant de cire, chaque année (*g*). Quelque tems après *C. Cicereius*, autre Préteur, fut contraint de leur livrer une bataille, dans laquelle les *Corſes* perdirent 1700. hommes, & plus de 1070. furent faits priſonniers. A la méme occaſion leur tribut annuel fut porté à 200000 liv. peſant de cire (*h*) On peut inférer de-là, que l'Iſle de *Corſe* a été autrefois bien plus peuplée qu'elle ne l'eſt aujourd'hui, & qu'elle a pu fournir une prodigieuſe quantité de miel. *Pline* nous apprend, que *Papyrius Naſo* triompha le premier de ces Peuples auprès du Mont *Alban* (*i*).

On a déja remarqué plus haut, que les *Romains* avoient établi deux Colonies en *Corſe*. L'Iſle étoit, comme leurs autres Provinces, gouvernée par un Préteur, & leur ſervoit d'un lieu d'exil, étant très-propre à ce qu'ils

---

(*g*) *Liv. Lib.* XL. *Cap.* 34.
(*h*) *Ib. Lib* XLIII. *Cap.* 7.
(*i*) *Plin. Lib.* V. *Cap.* 29.

qu'ils appelloient *Relegatio in infulam*. ,, Ban-
,, niffement en une Ifle ". Mais ils n'eurent
jamais d'établiffement ftable dans ce Païs,
où l'efprit de liberté, que les Tyrans nomment
rebellion, éclatoit toujours par quelques
endroits.

Lors de l'irruption des Nations barbares,
la *Corfe* éprouva le même fort que les autres
Etats de l'Empire ruiné, & elle devint la proie
des *Goths*, qui y établirent leur fyftème féodal,
comme ils firent dans d'autres Contrées,
dont ils s'étoient rendus maîtres. Quelques
Auteurs difent, que la *Corfe* fut conquife par
Alaric, premier Roi des *Goths*; mais, fuivant
Procope, elle le fut par un Détachement
que *Totilas* envoya dans l'Ifle (*k*).

Depuis cette époque, l'Hiftoire de *Corfe*
offre une longue fuite de guerres, de ravages
& de dévaftations, par diverfes Puiffances
en guerre les unes contre les autres;
mais dans une fi grande obfcurité, que nous
manquons abfolument de guides fûrs pour
arranger, en un ordre convenable, les faits
détachés qu'on trouve dans plufieurs Auteurs,
qui n'ont pas eu foin d'en marquer précifément
les dattes. Cependant je tâcherai de
fuivre, de mon mieux, le fil des évènemens
à travers cet épais nuage.

Lorsque les *Sarrafins* furent parvenus à
ce degré étonnant de puiffance, que les Hiftoriens
nous repréfentent, ils chafferent les
Goths de la *Corfe*, & s'y maintinrent pendant
un efpace confidérable de tems.

On

(*k*) *Procop. de Bell. Goth. Lib. III. Cap.* 24.

On croit que ce furent eux, qui donnerent, les premiers, le titre de Royaume à la *Corse*, &, jusqu'à ce jour, l'Isle porte, dans ses armoiries, une tête de *More*. On trouve souvent des monnoies *Arabes* en *Corse*; & près d'*Ajaccio* l'on voit encore des tombeaux de *Sarrasins*, qui paroissent avoir eu quelque magnificence. Ce sont des voutes souterraines, soutenues par des pilliers de pierre, & qui renferment des urnes sépulcrales, d'une composition d'argile, ressemblant à de la brique.

Les Papes ont toujours paru avoir en vue d'annexer la *Corse* à leur territoire, ayant, en différens tems, excité les Rois d'*Arragon* & de *France* à lui faire ce qu'on nommoit alors une Guerre sainte, qui étoit constamment dirigée suivant les intérêts temporels du St. Père.

Enfin la *Corse* fut effectivement conquise par un des Rois de *France*; les uns disent par *Pepin*, & d'autres par *Charles Martel*. Les habitans montrent encore, dans la Piéve d'*Alesani*, une fontaine, qui porte le nom de *Charles*, aux environs de laquelle ils prétendent que ce vaillant Prince remporta une victoire signalée sur les *Maures*.

Les Rois de *France* firent ensuite donation perpétuelle de cette Isle au *St. Siège*; mais comme les *Sarrasins* y revenoient de tems en tems, le Pape n'y exerçoit qu'une autorité foible & précaire.

Les *Genois*, profitant des troubles dont l'Isle étoit agitée, formerent bientôt le dessein d'établir une Colonie à *Bonifacio*, &, enhardis par degrés, ils débarquerent des Troupes

pes dans d'autres parties de l'Isle, & commencerent à s'y rendre formidables.

CETTE conduite ne pouvoit manquer d'aigrir la Cour de *Rome*, & d'attirer fur eux les foudres du *Vatican*, que le St. Père lançoit, dans ce tems-là, avec efficacité, contre les principales Puiffances de l'*Europe*. Auffi les *Genois* furent-ils excommuniés par le Pape *Gregoire* VII., ce qui les fit défifter alors de leur entreprife.

LES chofes continuerent dans cet état d'agitation en *Corfe*, jufqu'à ce qu'un des Papes, fur le nom duquel les Hiftoriens ne font pas d'accord, y envoya *Hugo Colonna*, accompagné de plufieurs autres Nobles *Romains*, à la tête d'un Corps confidérable de Troupes, dans le deffein de chaffer les Infidèles de l'Isle. A fon arrivée *Colonna* fut joint par un grand nombre d'habitans, qui durant ces longues & violentes difputes, avoient fait des efforts réitérés pour maintenir leur liberté, & s'étoient choifis un certain nombre de Chefs, auxquels ils donnoient le titre de *Caporali*.

CES *Caporali* affifterent *Colonna* de tout leur pouvoir; &, par l'influence qu'ils avoient fur le Peuple, ils parvinrent bientôt à raffembler une Armée affez nombreufe, pour mettre *Colonna* en état d'exterminer entiérement les *Sarrafins*, & de les chaffer pour toujours de cette Isle.

LES *Maures*, voyant leurs affaires defefpérées par ce coup imprévu, furent forcés d'abandonner l'Isle; mais ce ne fut qu'après avoir mis le feu par-tout où ils le purent; &

c'eft

c'eſt en grande partie à cet embraſement qu'on doit attribuer la déſolation qui règne encore en *Corſe*, ainſi que la deſtruction de leurs anciens monumens, & de leurs archives publiques.

Hugo Colonna s'établit en *Corſe*, ayant obtenu du Pape des honneurs diſtingués & des conceſſions fort étendues. La famille des *Colonna* eſt une des plus illuſtres & des plus anciennes du Monde. Dès l'an 1200., il eſt fait mention de *Pietro Colonna*, VIIIe. de ce nom. La branche, qui ſe fixa en *Corſe*, où elle poſſédoit le noble Fief d'*Iſtria*, s'y maintint long-tems dans une grande ſplendeur; mais, par les troubles qui ont déſolé l'Iſle depuis, & par les guerres ſanglantes entre les *Genois* & les *Corſes* patriotes, cette famille a ſouffert de grandes pertes, & ſes poſſeſſions ſont conſidérablement diminuées. Son Chef actuel eſt un vertueux Gentilhomme, fort zèlé pour la cauſe de la liberté. Je logeois dans ſa Maiſon à *Sollacaro*, où je rencontrai *Paſcal Paoli*.

Il eſt probable que les Comtes, les Marquis, & les Barons de *Corſe* tirent leur origine de cette époque; du moins je n'en trouve point qui aît plus de rélation à leur premier établiſſement dans ce Païs.

L'Isle fut aſſez tranquille pendant quelque tems; mais enſuite les diſſentions inteſtines, & les fréquentes attaques des *Genois*, qui aſpiroient toujours à s'emparer de ce petit Royaume, y occaſionnerent tant de déſordres, & mirent une ſi grande confuſion dans le Gouvernement, que le Pape jugea à propos

pos de donner l'Ifle aux *Pifans*, dont la puisfance étoit alors fort confidérable.

Cette donation fe fit à des conditions avantageufes pour le St. Père, &, fuivant la coutume des Papes, comme un Fief de l'*Eglife*. Un favant Profeffeur de l'Univerfité de *Pife* a compofé une Differtation fort curieufe, concernant l'ancienne domination de fes Compatriotes fur la *Corfe*. Elle fe trouve dans le VIIe. Volume des Effais de l'Académie de *Cortone*.

Tant que la République des *Pifans* fut floriffante, à l'aide de fes grandes forces, elle maintint fon autorité dans l'Ifle fur un pied très-avantageux, &, à ce qu'on peut recueillir de différens Auteurs, le Païs jouït, pendant cet intervalle, d'une paix & d'une tranquillité, qu'on n'y avoit encore jamais connues.

Mais ce calme fut de courte durée. Les *Genois*, irrités de fe voir entiérement exclus d'une Ifle, qui leur tenoit fi fort à cœur depuis long-tems, & d'ailleurs rivaux déclarés des *Pifans*, firent une guerre opiniâtre à ceux-ci, les vainquirent dans le fameux Combat naval de *Malora*, près de l'embouchure de l'*Arno*, fe rendirent maîtres de *Pife*, & s'emparerent enfin de la *Corfe* vers le commencement du 14e. fiècle. C'eft ainfi que les *Corfes* tomberent, pour la première fois, au pouvoir des *Genois*, contre lefquels ils ont fait depuis de fi vigoureux efforts en faveur de cette même liberté, qu'ils femblent avoir conftamment tenté de recouvrer dans tous les tems.

SI je me suis trompé sur quelque point de cette Histoire, c'est contre mon intention. Je sais que des Ecrivains *Genois* ont soutenu, qu'un Seigneur de leur Nation, nommé *Ademar*, avoit été employé dans la première conquête de l'Isle par les Rois de *France*. J'avoue que je ne vois point d'autorité suffisante pour établir ce fait; mais, à le supposer tel, *Ademar* ne pouvoit être qu'un Officier du Roi de *France*, qu'on doit certainement regarder comme le Conquérant de l'Isle, puisqu'il en fit ensuite une donation au Pape.

MAIS je ne m'arrêterai pas à ces sortes de discussions. On a publié, depuis peu, tant de la part des *Corses* que de celle des *Genois*, un grand nombre d'Ecrits, où leurs Auteurs se sont donné beaucoup de peine pour refuter les hypothèses les uns des autres, à l'égard de divers faits anciens de l'Histoire de *Corse*. En effet, le champ est vaste pour tous les partis, & ces tems sont si ténébreux, que chaque Ecrivain a la facilité de supposer des évènemens à sa fantaisie; tout comme, dans une nuit obscure, plusieurs personnes peuvent assurer, avec la même hardiesse & la même apparence de raison, qu'elles voient des objets entiérement différens.

QUE la *Corse* aît eu pour maîtres les *Phéniciens*, les *Etrusques*, les *Carthaginois*, les *Romains*, les *Goths*, les *Sarrasins*; qu'elle soit passée ensuite, à titre de conquête ou de donation, sous la domination de la *France*, du Pape, des *Pisans*, & enfin des *Genois*; malgré celà il en faut toujours revenir à ce principe fondamental, que les *Corses* sont des hommes,

mes, qu'ils ont un droit à la liberté, & que si quelque Puissance que ce soit vient à l'usurper, ils sont en tout tems fondés à reclamer contre elle.

Les *Genois* ayant acquis la possession incontestable de la *Corse*, qu'ils avoient desirée avec tant d'ardeur, ne furent pas moins empressés à jouïr de leur autorité, & crurent ne pouvoir mieux satisfaire leur cupidité, qu'en exerçant le despotisme le plus sévère sur leurs nouveaux sujets, Peuple impétueux, violent & brave, qui avoit résisté à tant d'orages, & qui demandoit d'être gouverné par la douceur & l'humanité, plutôt que par la force & la tyrannie. Comme les *Genois* étoient une Nation de Républicains dans le voisinage de ces Insulaires, dont ils avoient été longtems les ennemis déclarés, sans avoir jamais pu les réduire sous leur obéïssance; étant devenus leurs maîtres par le cours inopiné des évènemens, ils ne devoient en attendre que du mépris, comme les *Corses* n'avoient à se promettre, de leur part, que l'oppression la plus insupportable.

En effet les *Genois*, qui étoient eux-mêmes dans un état chancellant & périlleux, recherchant la protection tantôt d'une Puissance, tantôt d'une autre, ne traiterent pas les *Corses* avec cette bonté & cette confiance, qui étoient seules capables de gagner leur affection & leur fidélité, & qui, en leur procurant les agrémens de la vie civile, pouvoient les accoutumer insensiblement à regarder les *Genois* comme leurs compatriotes, & comme leurs amis. Ils prirent une route entiérement oppofée, & fans employer des moyens auffi defefpérés que ceux auxquels les *Carthaginois* avoient eu recours, ils n'appefantirent pas moins leur joug fur les *Corfes*. Leur fyftème n'étoit point de les rendre plus heureux ni meilleurs; mais en les tenant dans l'ignorance & dans la plus vile fujettion, ils vouloient prévenir & rendre inutiles tous les efforts qu'ils auroient pu faire en faveur de leur liberté. C'eft ainfi que les *Genois* facrifierent les avantages qu'ils pouvoient retirer de ces Peuples, à d'autres bien moins confidérables, que la tyrannie leur préfentoit dans l'épuifement total de l'Ifle.

Telle étoit la malheureufe fituation des *Corfes*; ils prirent fouvent les armes; mais n'ayant point de Chefs pour les diriger, ils eurent d'abord du deffous. Cependant les *Genois* craignoient tellement une revolte de leur part, que, fuivant leur propre Hiftorien *Filippini*, ils brûlerent 120. des meilleurs Villages de la *Corfe*, tandis que plus de 4000. habitans abandonnerent l'Ifle pour fe retirer ailleurs. Rien ne pouvoit mieux ouvrir les yeux des *Corfes* fur les pernicieux deffeins de la Politique *Genoife*, que de voir plufieurs de ces expatriés, en divers Etats de l'*Europe*, faire une figure diftinguée, tant dans les fciences, que dans les armes.

Vers l'an 1550., la *Corfe* fortit tout-à-coup de fes cendres, gouvernée par un Héros, qui rendit à fa Patrie l'antique éclat de fa gloire, & fa premiere indépendance. Ce Héros fut *Sampiero di Baftelica*. Dès fes plus
ten-

tendres années il donna des marques diſtinguées de valeur, de prudence, d'eſprit: il eut, outre les dons qu'il avoit reçus de la Nature, l'avantage d'être élevé dans la Maiſon du Cardinal *Hypolite* de *Medicis*, neveu du Pape *Clement* VII. Il fut fait, quoique jeune encore, Colonel du Régiment des *Corſes* au ſervice de la *France*; & il ſe ſignala dans preſque toutes les grandes actions où ſa Nation eut part de ſon tems.

Apres la mort de *François* I., *Baſtelica* revint dans ſa Patrie, où il épouſa *Vannina*, l'héritière de la Maiſon d'*Ornano*, de la plus ancienne & de la plus riche Nobleſſe de *Corſe*; & depuis ce tems il ne fut plus connu que ſous le nom de *Sampiero d'Ornano*.

Touché du malheureux état de ſes compatriotes, il forma le projet de les ſecourir, & il s'en préſenta bientôt une occaſion favorable.

Ici l'Hiſtoire commence de nouveau à s'éclaircir, les ténèbres de l'antiquité & des tems de barbarie ſont diſſipées, & nous marchons en aſſurance ſous la conduite de l'illuſtre *de Thou* (1).

La *France* avoit depuis long-tems de grandes prétenſions ſur *Gènes*; mais après la malheureuſe Bataille de *Pavie*, les *François*, obligés d'évacuer l'*Italie*, ne purent point faire valoir ces droits. Cependant *Henri* II. s'étant engagé dans une nouvelle Guerre en *Italie* contre l'Empereur *Charles-Quint*, il réſo-

---

(1) *Thuan. Hiſt. Lib.* XII. *Cap.* 2.

résolut de s'arrêter en *Corse* & de s'y fortifier; *Sampiero* féconda de toutes ses forces l'exécution de ce projet, afin de parvenir, à la faveur des armes *Françoises*, à secouer le joug trop accablant sous lequel ses concitoyens gémissoient depuis si long-tems.

Dans cette vue *Ornano* représenta à *Henri*, que les *Genois* étant alliés de l'Empereur, l'Armée *Françoise* ne pouvoit pénétrer en *Italie* qu'en s'emparant de la *Corse*, & en se procurant, par cette invasion, un passage libre par la *Mediterranée*; & que d'ailleurs cette Isle étoit admirablement située pour servir aux *François* de place-d'armes, de magasin & d'entrepôt de toutes sortes de provisions & de munitions de guerre, qui de-là pourroient aisément être voiturées à *Naples*, ou dans la *Toscane*, suivant que l'exigeroient les circonstances.

Ce fut donc en 1553. que la *France* envoya en *Corse* une Armée puissante, commandée par le Général *Paule de Thermes*, accompagné de *Sampiero d'Ornano*, de *Jourdain des Ursins*, & de plusieurs autres Officiers très-distingués. *Henri* II. intéressa aussi les *Turcs* dans cette expédition, & détermina leur Empereur *Solyman*, surnommé *le Magnifique*, à envoyer, sur la Mer de *Toscane*, une Flotte considérable (*m*).

Les *Genois*, qui avoient commis le soin de l'Isle de *Corse* à leur fameuse Banque de *St. George*, s'opposerent vigoureusement à cette
expé-

———

(*m*) *Knolles. Hist. des Turcs*, p. 757.

expédition. Le célèbre *André Doria*, quoiqu'alors presque octogenaire, bravant les infirmités de la caducité, s'embarqua & partit pour conserver à sa Patrie une Isle, qui lui étoit si importante ; il fit avec tout le feu & toute la sagacité de la jeunesse, des dispositions d'attaque, & de défense, qui eussent fait honneur aux Héros les plus intrépides.

Des deux côtés on fit la Guerre avec une valeur qui alla jusqu'à l'acharnement. Les *François* & les *Turcs* s'emparerent cependant d'abord de plusieurs Villes, & entr'autres d'*Ajaccio*, qui, remplie de marchandises & de richesses, offroit aux Conquérans un butin considérable, qui leur servit à pousser plus vigoureusement les projets d'invasion. Les *Corses*, brisant leurs chaines, se réunirent à leurs libérateurs, & la plus grande partie de l'Isle fut délivrée du joug de la tyrannie.

Mais les *Genois*, sous la sage conduite de l'intrépide *Doria*, & puissamment secondés par l'Empereur *Charles-Quint*, qui leur envoya des renforts considérables de Troupes *Espagnoles* & *Allemandes*, arrêterent les progrès de leurs ennemis, & dans le cours de cette Guerre il se fit, de part & d'autre, des prodiges de valeur, dont il seroit à souhaiter que quelque habile homme voulût entreprendre l'Histoire, qui excède autant les bornes de mon plan, que celles de mes facultés.

Les *Corses* étoient si vivement irrités contre les *Genois*, qu'ils resolurent tous d'un commun accord, de se jetter entre les bras

de

de *Solyman*, plutôt que de retomber sous le despotisme de la Republique. Cependant, après une longue & cruelle Guerre, un Traité de Paix avantageux aux *Corses* autant qu'il leur étoit glorieux, & garanti par S. M. T. Chr., mit fin à ces divisions, ou plutôt en suspendit les effets; car la haine étoit trop invétérée entre ces deux Nations, pour que les conditions de ce Traité fussent long-tems observées. *Henri* mourut, & les *Genois*, oubliant leurs sermens, opprimerent de nouveau les *Corses* avec plus de violence que jamais.

SAMPIERO *d'Ornano*, qui étoit retourné depuis quelque tems en *France*, après avoir perdu le Roi son Maître, partit pour *Constantinople*, & alla solliciter la *Porte Ottomane* de protéger ses malheureux concitoyens. Mais les choses avoient changé de face en cette Cour, qui ne se gouvernoit plus par les mêmes principes de Politique, rarement d'accord avec ceux de la générosité. *Sampiero* ne réussit point; il revint dans son Isle, où sa présence inspira un tel courage aux *Corses*, qu'ils se revolterent tous contre leurs Tyrans, & leur jurerent une guerre éternelle. *Sampiero* tira le plus grand parti de ces dispositions. Les *Genois*, qui méprisoient la foiblesse de *Sampiero*, qu'ils connoissoient mal, lui laisserent la liberté de faire tous les préparatifs qui lui étoient nécessaires, & celle de trouver les moyens de réussir; *Sampiero* ne fut pas vaincu; mais il succomba par la trahison des *Genois*, sous le poignard

d'un

d'un infame affaffin, nommé *Vitelli* (*n*); ce qui arriva en 1567.

Ainsi périt *Sampiero di Baftelica di Ornano*, digne d'être mis au rang des Héros les plus diftingués, & qui avoit montré autant de bravoure dans le fervice étranger, que de conftance pour rendre la liberté à fa Patrie. Mr. *de Thou* l'appelle, *un homme actif en guerre, & d'un courage invincible* (*o*). Les ombres qui obfcurciffent le tableau de fa conduite privée, doivent être effacées par l'éclat de fes vertus publiques. Son fils *Alphonfe*, & fon petit-fils *Jean-Baptifte*, font morts l'un & l'autre Maréchaux de *France*.

Alphonse *d'Ornano*, qui avoit été élevé à la Cour de *Henri* II., fe mit d'abord à la tête des partifans de la liberté; mais ne pouvant réfifter aux forces fupérieures de la Republique, il abandonna l'Ifle, & alla s'établir en *France*.

De nouveau remis dans la poffeffion de la *Corfe*, les *Genois* ne fongerent qu'à affouvir leur reffentiment contre fes malheureux habitans; &, toujours inquiets fur les deffeins

---

(*n*) *Michel Metello*, qui a écrit une Hiftoire particulière de la revolte des *Corfes* fous *Sampiero*, parle différemment de la mort, qu'il attribue à des motifs de vengeance perfonnelle de la part de *Michel-Ange d'Ornano*, fon beau-frère. Mais outre qu'il n'y a point de preuves que *Vannina*, Epoufe de *Sampiero*, ait eu un frère, & qu'il eft certain, au contraire, qu'elle fut l'héritière des biens de fa famille, j'avoue que l'affaffinat, tel qu'il eft rapporté par divers autres Auteurs, me paroît fi fufpect d'être un acte de l'oppreffion des *Genois*, que je ne puis lui affigner une autre caufe.

(*o*) *Thuani Hift. lib.* XLI. *cap.* 31.

feins généreux de cette Nation, ils redoublerent leur tyrannie, dont ils fe firent une efpèce de fyftème. Ils défendirent, fous les plus rigoureufes peines, aux *Corfes*, d'exporter quoique ce fût de leur Ifle, autre part qu'à *Gènes*, où ils étoient obligés de vendre leurs marchandifes à vil prix; &, dans les années de difette, l'Ifle étoit dépouillée de provifions par une efpèce de pillage légal; enforte que les *Corfes* éprouverent fouvent les horreurs de la famine, tandis que leurs Defpotes étoient dans l'abondance.

Les *Genois* s'appliquerent en même tems à faire naître & à entretenir dans l'Ifle, des diffentions, auxquelles les Peuples n'étoient naturellement que trop portés, & qui occafionnerent l'effufion de fang la plus horrible. Dans un efpace de deux ans, on compta plus de 1700. *Corfes*, qui furent affaffinés. Ces meurtres, d'un côté, fervoient à perpétuer l'animofité entre les *Corfes*, jufques dans les principales familles, ce qui devoit être un obftacle à leur réunion en faveur de la liberté générale; &, de l'autre côté, l'on pouvoit en tirer un grand avantage, foit par la confifcation des biens des affaffins, foit en condamnant les criminels à payer de groffes amendes au Juge, qui étoit le maître d'éluder les pourfuites de la Juftice (*p*), fous prétexte de quelque défaut de formalité, ou même d'abfoudre les coupables de fa propre volonté, fur l'information de fa confcience

---

(*p*) Le Juge n'avoit qu'à dire *Non procedatur*.

ce (*q*), dont il n'étoit pas obligé de rendre aucun compte.

Ce ne fut qu'en 1738, que la Republique de *Gênes* fit un Edit pour abolir cet horrible abus, au sujet duquel Mr. de *Montesquieu*, avec cette grave dignité qui convient à un si grand Maître, s'exprime en ces termes : „ Une Republique d'*Italie*, (dit-il) tenoit „ des Insulaires sous son obéïssance; mais „ son droit politique & civil à leur égard „ étoit vicieux. On se souvient de cet „ acte d'amnistie, qui porte qu'on ne les „ condamneroit plus à des peines afflictives „ sur la conscience informée du Gouver- „ neur. On a vu souvent des Peuples de- „ mander des privilèges; ici le Souverain „ accorde le droit de toutes les Na- „ tions (*r*) ".

Durant cette oppression, rien n'étoit plus commun que de voir condamner aux galères une infinité de gens pour les fautes les plus légères, uniquement dans la vue d'en tirer une rançon considérable; en un mot, à peine pourroit-on imaginer une barbarie plus grande, que celle que souffroient alors ces Insulaires.

Les *Genois* avoient en *Corse* un Commissaire Général ou Gouverneur sur toute l'Isle. Sa commission étoit pour deux ans. On choisissoit ordinairement quelque Noble *Genois*, dont la fortune se trouvoit dérangée, & qui,

(*q*) C'est ce qu'on appelloit, *Ex informata conscientia*.
(*r*) *Esprit des Loix*, édit. Bodin. Liv. IX. cap. 8.

qui, à la faveur de ſes honteuſes extorſions, s'en retournoit puiſſamment riche ; tandis que ſon grand crédit dans le Sénat le mettoit à couvert de toutes perquiſitions touchant ſa conduite. Les malheureux *Corſes* avoient beau ſe plaindre à la Republique ; ils n'étoient point écoutés. On les faiſoit paſſer pour des rebelles & des mutins, qui ne s'accommodoient d'aucune ſorte de Gouvernement; & pas un Sénateur ne vouloit condamner des moyens, auxquels il pourroit avoir beſoin un jour de récourir lui-même.

Le Commiſſaire Général faiſoit ſa réſidence à *Baſtia*. Il y avoit auſſi d'autres Commiſſaires à *Calvi*, à *Ajaccio* & à *Bonifacio*, & des Lieutenans, ou Officiers ſubalternes diſperſés en diverſes parties de l'Iſle. Chacun de ces Employés pilloit de ſon côté, & contribuoit à la ruine du Païs, ſans craindre la publicité des injuſtices criantes, qu'ils commettoient impunément dans ce coin écarté de l'*Europe*.

Pendant cette ſécrette & cruelle oppreſſion, il ſe paſſa un évènement remarquable en *Corſe*. Ce fut l'établiſſement d'une Colonie de *Grecs*, dont j'ai promis l'hiſtoire.

Apres que *Mahomet* & ſes ſucceſſeurs eurent ſubjugué preſque toute l'ancienne *Grèce*, & que *Scanderberg*, qui avoit défendu ſa Patrie avec tant de gloire, fut mort, il reſtoit encore à ſoumettre une Nation peu nombreuſe, mais brave, qui occupoit une partie de l'ancien *Péloponneſe*, aujourd'hui le Royaume de la *Morée*; partie qu'on appelle *Brazzo di Maina*, & qui formoit autrefois le

Païs

Païs de *Lacédemone*. Couverts par des montagnes inacceffibles, fi ce n'eft par un défilé fort étroit, ces Peuples firent face, pendant long-tems, par leur valeur, aux armes rédoutables de l'Empire *Ottoman*, comme anciennement *Leonidas*, à la tête de 300. *Lacédemoniens*, avoit réfifté à l'Armée de *Xerxès*, forte de 800000 hommes. Mais enfin, les *Turcs* s'étant emparés de l'Ifle de *Candie*, en 1669, & ayant fait, par Mer, une invafion jufqu'au cœur de la Province de *Majna*, dont ils fe rendirent bientôt maîtres, les infortunés defcendans des *Spartiates* furent réduits dans un état peu différent de l'efclavage. On impofa fur eux des taxes exorbitantes; les plus belles de leurs femmes furent enlevées pour les ferrails; & l'on bâtit plufieurs tours en divers lieux du Païs, où l'on mit de fortes garnifons pour contenir les habitans, qui, fans efpoir de délivrance, perdirent peu à peu courage, au point qu'un grand nombre d'entr'eux fe firent *Mahométans*. Cependant une étincelle de cet ancien feu fe conferva parmi ceux qui étoient demeurés à *Porto Vitilo*, & qui, ne voyant pas la moindre apparence d'un changement favorable à leur Patrie, réfolurent de l'abandonner tous pour aller s'établir ailleurs.

DANS cette vue, ils envoyerent, en *Italie*, des Députés, qui avoient quelques liaifons dans fes divers Etats, & qui étoient autorifés de leur part à leur trouver un afyle, aux conditions qu'ils jugeroient convenables. Les *Genois* les firent tranfporter en *Corfe*, & leur offrirent un diftrict appartenant à la Cham-

Chambre des Domaines de l'Etat, dans la partie Occidentale de l'Isle, à environ trois miles du rivage. Les Députés, contens de la proposition, conclurent, à leur retour à *Gênes*, une Convention avec la Republique; & le rapport qu'ils en firent à leurs Compatriotes ayant été approuvé, ces *tristes débris des Grecs* (s) s'embarquerent au nombre d'environ 1000 ames. La famille de *Stefanopoli*, la plus distinguée parmi eux, étoit à la tête de l'émigration. Ils arriverent à *Gênes* au mois de *Janvier* 1677, & y resterent jusqu'au mois de *Mars*. La Republique se chargea des frais de leur transport, & leur fournit le logement & la subsistance, en attendant qu'ils pûssent être rendus dans l'Isle de *Corse*.

LES conditions, dont on étoit convenu, portoient, que les *Genois* leur accordoient les territoires de *Paomia*, de *Ruvida* & de *Salogna* à titre de fief perpétuel; qu'ils les fourniroient de maisons, de grains & de bestiaux; & qu'ils tiendroient un Corps de Troupes *Genoises* pour les deffendre contre toutes insultes, pendant les premières années de leur séjour en *Corse*. Ils nommerent aussi un Noble *Genois*, pour Juge de leurs différends, avec la qualité de Directeur, dont l'office devoit durer deux ans, & être rempli à tour de rolle par la Noblesse de *Gênes*. Enfin la Republique s'engageoit d'entretenir, à ses frais, un Vicaire sachant la Langue *Grecque*, pour instruire leurs enfans en différentes scien-

---

(s) Tristes reliquiae Danâum.

sciences, & en même tems célébrer la Messe & prêcher dans la Chapelle du Directeur.

D'un autre côté les *Grecs* s'obligeoient à cultiver les terres, à rembourser le plutôt qu'il leur seroit possible les avances que la République leur avoit faites, à lui payer une taille annuelle de cinq livres, par famille, outre la dixme de toutes leurs productions, & à se tenir toujours prêts pour son service, tant par terre que par mer, chaque fois qu'ils en seroient requis.

C'est ainsi que cette Colonie fut établie. On lui laissa le libre exercice de la Religion, suivant les rits de l'Eglise *Grecque*, sous la conduite de l'Evêque de *Porto Vitilo*, qui étoit venu en *Corse* avec quelques Religieux de l'Ordre de St. *Basile*, le seul qu'admette leur Eglise, & lesquels établirent un Couvent dans une belle vallée déserte de l'Isle; mais les *Genois* n'approuvant pas ces Pères, firent bientôt fermer leur Monastère.

Les *Grecs* jouïrent d'un sort doux & heureux pendant plusieurs années. A la faveur de leur industrie & de leur activité, ils firent valoir leurs possessions, & se construisirent de belles maisons, où règnoit un goût, qui étoit nouveau en *Corse*; mais ces progrès, joints à leur dévouement pour les *Genois*, excitèrent bientôt la jalousie des Insulaires leurs voisins, qui vinrent souvent les attaquer, sur-tout les Païsans de la Province de *Vico*, dont les territoires de la nouvelle Colonie avoient autrefois fait partie. Comme les *Grecs* étoient bien pourvus d'armes, ils soutinrent long-tems les efforts de leurs ennemis.

nemis. La rebellion de l'année 1729. leur attira de nouvelles inquiétudes de la part des *Corses*, & dans une Action fort meurtrière qu'ils eurent, les *Grecs* se diftinguerent encore par une bravoure extraordinaire. Les *Genois* en formerent trois Compagnies, qu'ils prirent à leur folde, & qu'ils employerent dans les entreprifes les plus difficiles, entr'autres à l'affaut du Château de *Corte*, où ils furent battus par les Patriotes, & perdirent beaucoup de monde. Après bien des avantures, qui ne font pas de mon sujet, les *Grecs* furent forcés d'abandonner leurs poffeffions, & de se retirer à *Ajaccio*, où ils se foutiennent, par leur travail, dans un état affez avantageux. Convaincus de la tyrannie des *Genois*, ils foupirent après l'inftant de leur entière expulfion de l'Ifle, & efpèrent, de la générofité de *Paoli* & des *Corfes*, la protection & l'encouragement qu'ils méritent par leur fobriété, leurs vertus & leur induftrie. S'ils ont affifté les *Genois* contre les Infulaires, c'eft par un principe de fidélité qui leur fait honneur; & dont ils ne se feroient auffi jamais départis, fi la Republique ne les eût enveloppés dans l'oppreffion générale. Cette Colonie se glorifie d'avoir produit un grand Médecin dans la perfonne de *Signor Giovanni Stefanopoli*, le premier qui ait eu la prudence & le courage d'introduire la pratique de l'inoculation dans l'Ifle de *Corfe*, par où il a fauvé la vie à une infinité de fes habitans, & mérité à bon droit le titre de bienfaiteur de la Patrie.

ENFIN, après avoir été long-tems outragés, dépouillés & opprimés, les *Corfes* parurent
repren-

reprendre vigueur en 1729 ; époque de la Guerre, qui a continué jusqu'à-présent avec quelques intervalles, & qui probablement doit fixer, sur une baze solide, la liberté de la *Corse*. On a souvent remarqué avec admiration, que les plus grands événemens étoient produits par les plus petites causes (*t*). La revolte générale, qui éclata cette même année, fut occasionnée par un simple *Paolo*, pièce de monnoie qui vaut environ cinq sous d'*Angleterre*. Un Collecteur *Genois* s'étant rendu dans la maison d'une pauvre vieille femme pour exiger cette mince somme, qu'elle ne se trouva pas en état de payer en deniers comptans, il commença par la maltraiter, & s'empara ensuite de ses effets, malgré toutes les assurances qu'elle lui donna de le satisfaire, s'il vouloit avoir patience encore quelques jours. Les cris & les lamentations de cette femme avoient attiré chez elle trois de ses voisins, qui, prenant son parti, se récriérent beaucoup contre la barbarie de l'exacteur, & celui-ci les ayant menacés de peines afflictives pour s'être opposés à l'exercice de son emploi, les Païsans, outrés de son insolence, le chasserent à coups de pierres. Les *Genois* envoyerent des Troupes pour soutenir leur Collecteur, & les *Corses*, assemblés en divers Corps, se mirent en deffense. Le tumulte s'accrut ; une simple

___

(*t*) Mr. *Richer* a fait un recueil intéressant de ces sortes d'exemples, tirés de l'histoire de différentes Nations.

ple étincelle fuffit pour rallumer le noble feu dont la Nation avoit été fi fouvent embrafée en faveur de la liberté ; &, dans un fort court efpace de tems, toute l'Ifle fut en mouvement. Les *Corfes* tomberent d'abord fur la Capitale, qu'ils prirent prefque fans réfiftance, & ils fe feroient rendus maîtres de la Citadelle de *Corte*, s'ils eûffent été mieux dirigés.

C'est ce qui leur fit voir la néceffité de fe donner des Chefs. On choifit donc *André Ceccaldi*, de la première Nobleffe du Royaume, & *Luiggi Giafferi*, qui, fans être d'une naiffance fi diftinguée, avoit une famille nombreufe, & paffoit pour un homme auffi intrépide que ferme dans fes réfolutions. A ces deux Chefs l'on joignit encore *Dominique Raffali*, digne & favant Eccléfiaftique, comme une efpèce de Préfident de Juftice, qui pût, par fa prudence, maintenir l'ordre dans leur adminiftration, &, par fa piété, modérer la violence de leurs mefures contraires aux principes de fa confcience. Les *Genois* n'employerent d'abord que leurs propres forces pour réduire les *Corfes* ; mais voyant que ceux-ci, dont le nombre augmentoit de jour en jour, tailloient en pièces tous leurs Détachemens, & fe pourvoyoient par-là de nouvelles armes, la Republique fut obligée de chercher des fecours étrangers ; &, fur fes follicitations, l'Empereur *Charles VI.* envoya, en *Corfe*, le Général *Wachtendonck* à la tête d'un Corps de Troupes auxiliaires, qui faccagerent l'Ifle, fans pouvoir la réduire, & eurent, avec les *Corfes*, de continuelles ren-

rencontres, dans une defquelles ces Infulaires leur tuérent 1200. hommes. L'Empereur, fur celà, y fit paffer un gros renfort de Troupes *Allemandes* fous les ordres du Prince de *Wirtemberg*, & les *Corfes*, qui n'étoient pas en état de réfifter à de fi grandes forces, mirent les armes bas, à condition qu'on traiteroit d'un Acommodement entr'eux & les *Genois*, fous la Garantie de S. M. Imp. La Republique y ayant accédé, les *Corfes* confentirent à lui livrer pour ôtages leurs trois Chefs, accompagnés d'un Eccléfiaftique nommé *Aitelli*, qui avoit une grande influence parmi eux.

CES Seigneurs furent donc conduits à *Gènes*, fans la moindre défiance qu'on méditât de violer à leur égard la promeffe de fureté qui leur avoit été faite. Cependant les *Genois* inclinoient à les faire mourir; & leur Miniftre à *Vienne* avoit prefque obtenu le confentement de l'Empereur à cet effet; mais le Prince de *Wirtemberg*, qui fut tué depuis à la Bataille de *Guaftalla*, & qui joignoit la clémence à fes grandes vertus militaires, ayant dépéché un Exprès à ce Monarque, avec une Lettre, où il repréfentoit dans les termes les plus énergiques, combien l'honneur de S. M. Imp. auroit à fouffrir, fi Elle donnoit les mains à la mort de ces mêmes perfonnes, qui s'étoient rendues fur la foi de fa protection facrée; cette Lettre, fécondée par la généreufe interpofition du grand Prince *Eugène de Savoye*, produifit un fi bon effet, que les ordres furent expédiés à *Gènes* pour faire relâcher les ôtages. *Giafferi*

feri & *Aitelli* retournerent en *Corſe*; mais *Ceccaldi* ſe rendit en *Eſpagne*, où il eſt mort avec le rang de Colonel. *Raffalli* alla à *Rome*, & y fixa ſon ſéjour, juſqu'à-ce que, parvenu à un âge fort avancé, il eſt repaſſé dans ſon Iſle pour y finir tranquillement ſes jours parmi ſes Compatriotes, qui ont pour lui une grande vénération.

Le Traité, formellement conclu entre les *Corſes* & les *Genois*, ayant été rompu par ces derniers, les hoſtilités ne furent ſuſpendues que pour un court eſpace de tems, &, en 1734, les *Corſes* reprirent les armes. *Giafferi* fut de nouveau élu Général, & eut pour Collégue *Hyacinte Paoli*, Père du Général actuel; Gentil-homme *Corſe* d'une très-bonne famille, plus diſtingué encore par ſon mérite, que par ſon rang. Savant, religieux & brave, il poſſédoit toutes les qualités propres à ſervir utilement ſa Patrie, autant dans la Politique, que dans la Guerre. Ces Chefs étoient aſſiſtés par pluſieurs Préſidens de Juſtice, élus les uns après les autres.

Les *Genois* avoient payé bien cher leur dernière Victoire, puis qu'on compte qu'elle leur avoit couté au-delà de 30 millions de livres, outre les riches préſens qu'ils firent au Prince de *Wirtemberg* & aux autres Officiers généraux. Le Marquis d'*Argens* applique fort agréablement aux *Genois* la fable ſuivante. ,, Un Jardinier, (dit-il) ſe plaignit à
,, ſon Seigneur d'un liévre, qui venoit tous
,, les jours lui manger les choux de ſon jar-
,, din. Le Gentil-homme ſe charge d'exter-
,, miner l'animal; il vient chez le Païſan,
,, ac-

,, accompagné de dix Chasseurs, suivi de
,, trente chiens, & fait plus de dégât dans
,, un moment, que le lièvre n'en eût fait en
,, mille ans. On le pourfuit au travers du
,, jardin. Malgré les chiens, il se fauve par
,, le trou d'une muraille. Alors le Gentil-
,, homme conseille au Païfan de le boucher,
,, & le félicite du départ de son ennemi. Les
,, *Genois* ont eu le sort du Jardinier. Ils ont
,, payé, pendant très long-tems, 6 mille *Al-*
,, *lemands*, qui leur ont couté des sommes im-
,, menses. Les Chefs des rebelles ont fui
,, comme le lièvre. Ils se sont sauvés, &
,, ont imploré le secours & la miséricorde
,, de l'Empereur; il la leur a accordée, &
,, a obtenu leur grace des *Genois*. Mais à
,, peine ce Prince a-t-il eu retiré ses Trou-
,, pes de l'Isle de *Corse*, qu'elle s'est de nou-
,, veau revoltée, & les *Genois* ont eu la dou-
,, leur d'avoir dépensé leur argent inutile-
,, ment, & d'être obligés de recommencer
,, une Guerre, dont ils ne savent quelle se-
,, ra l'issue (*u*) ''.

La Republique essaya de nouveau ses forces contre les *Corses*; mais ce ne fut que pour faire preuve de sa foiblesse & de sa mauvaise politique, tant elle étoit déchue de son ancienne puissance, & mal gouvernée. On raconte qu'un jour le Sénat, délibérant si l'on ne devoit pas détruire la Ville de *Savona*, qui s'étoit revoltée plusieurs fois, un Sénateur, homme d'esprit, de la Famille de *Doria*, se leva & dit: ,, Si telle est votre intention,
,, Mes-

(*u*) *Lettres Juiv.*, Lett. 31.

,, Messieurs, vous n'avez qu'à y envoyer
,, un autre Gouverneur du même carac-
,, tère qu'ont été les deux derniers ; vous
,, ne sauriez trouver de meilleur expé-
,, dient ".

LES *Corses*, à cette occasion, firent éclater de nouveau leur zèle & leur courage dans la cause de la liberté. Ils étoient bien conduits, & ils remporterent divers avantages sur les *Genois*. Leur noble enthousiasme ne se démentit jamais, & malgré les fatales divisions qui régnoient entr'eux, il y eut toujours, dans différentes parties de l'Isle, des troupes intrépides, animées par l'exemple de quelques Chefs distingués.

JE dois faire ici mention du Comte *Dominique Rivarola*. Sa famille étoit une branche de la Maison de *Rossi*, à *Parme*, l'une des plus anciennes & des plus illustres de la Noblesse d'*Italie*. Un de ses ancêtres avoit abandonné son Fief de *Rivarola*, dans le territoire de *Mantoue*, à l'occasion de la Guerre que l'Empereur faisoit à la Comtesse *Mathilde*, & s'étoit établi dans l'Etat de *Gènes*, où il quitta le nom de *Rossi*, pour prendre celui de *Rivarola*. Sa famille s'accrut beaucoup. Dans le 15me. siècle, *François Rivarola* fut, eu égard à ses longs services, élevé à la dignité de Comte *Palatin*, par l'Empereur *Maximilien*, & ce titre est demeuré depuis dans la famille. Plusieurs descendans de *Rivarola* s'établirent en *Espagne*, en *Sicile*, & dans l'Isle de *Sardaigne*. Trois d'entr'eux se fixerent en *Corse*, l'un à *Calvi*, l'autre à *Ajaccio*, & le troisième à *Bastia*. Le Comte *Dominique*

que *Rivarola* étoit Chef de la famille de ce dernier.

C E Gentil-homme possédoit le territoire de *Chiaveri*, sur la Rivière de *Gênes*. On le regardoit comme un Ami de la Republique, qui lui avoit confié le Poste de Commissaire dans la Province de *Balagna*; honneur singulier pour un *Corse*. Il s'étoit employé, dans ce tems là, à ménager un accommodement entre ses Compatriotes & les *Genois*; mais, convaincu que la République ne vouloit point se départir de sa tyrannie, il embrassa le parti des Patriotes, qu'il a toujours servi depuis avec zèle, & avec fermeté; il quitta l'Isle, & se rendit à *Livourne*, afin qu'étant en pleine liberté, il pût entamer, avec plus de succés, quelque négociation sur le Continent en faveur de sa Patrie.

L E S *Genois* confisquerent d'abord ses Terres de *Chiaveri*. Il avoit encore celles d'*Oletta* en *Corse*, & il y fit passer sa famille, qui jusques-là étoit restée à *Bastia*. Mais sa constance fut bien-tôt mise à l'épreuve des procédés les plus violens. La même année son fils *Antoine*, qui étudioit à l'Académie de *Sienne*, s'étant rendu en *Corse* pour en ramener son frère *Nicolas*, ils furent tous deux pris par les *Genois* dans leur traversée à *Livourne*, à bord d'un petit Vaisseau *Toscan*, muni d'un passeport *Anglois*, & conduits dans les prisons de *Gênes*. La Republique crut avoir un moyen sûr de détacher leur Père du parti des Patriotes. On lui offrit, à cette condition, de le rétablir dans ses biens, de relâcher ses fils, & de le nommer Général
des

des Troupes *Corſes*, qui étoient au ſervice des *Genois*. Mais il eut la magnanimité de répondre; ,, que les *Genois* ſeroient bien obli-
,, gés, bon gré malgré eux, de lui rendre ſes
,, fils; & qu'à l'égard de toutes leurs autres
,, ffores, il les comptoit pour rien, en com-
,, paraiſon de la juſte cauſe qu'il avoit épou-
,, ſée, & qu'il deffendroit juſqu'au dernier
,, moment de ſa vie." De pareils exemples de patriotiſme ſont dignes d'être tranſmis à la poſtérité. Les Annales de *Corſe* en pourroient fournir un très grand nombre.

A l'arrivée des Troupes Impériales à *Gênes*, les jeunes Comtes *Rivarola* furent remis en liberté. Le Comte *Antoine*, l'aîné, mon ami intime, eſt aujourd'hui Major au ſervice du Roi de *Sardaigne*, & Conſul général de ce Prince en *Toſcane*. Le Comte *Nicolas*, le cadet, demeure ſur les Terres de ſa famille à *Oletta* en *Corſe*; mais ſa complexion délicate ne lui permet pas de ſe dévouer, comme il le ſouhaiteroit, en faveur de ſa Patrie. Les deux frères ont hérité de la valeur & des vertus de leur Père, dont il ſera encore parlé ci-après.

Dans le même tems la Guerre étoit pouſſée avec beaucoup de vigueur en *Corſe*. On s'attendoit d'abord que le Roi d'*Eſpagne* y prendroit une part décidée; mais ce Monarque ne jugea pas à propos de s'en mêler, probablement parce qu'il prévit que cela l'engageroit dans une querelle avec la *France*. Tandis que les *Genois* & les *Corſes* étoient ainſi aux priſes, & que les Politiques de l'*Europe* formoient diverſes conjectures ſur le ſort futur

tur de l'Isle, il se passa un évènement des plus extraordinaires & des plus surprenans. Ce fut l'apparition de *Théodore* Baron de *Newhoff*, dont l'histoire singulière a fait tant de bruit dans le monde.

Ce Personnage, qui aspiroit à la Souveraineté de la *Corse*, étoit né dans le Comté de la *Mark* en *Westphalie*, & avoit fait ses premières armes au service de *France*. Il passa ensuite en *Espagne*, où il reçut quelques marques d'égards de la part du Duc de *Ripperda* & du Cardinal *Alberoni*. Mais étant d'un naturel étrangement inquiet & entreprenant, il quitta bientôt l'*Espagne*, pour aller voyager en *Italie*, en *Angleterre* & en *Hollande*; toujours cherchant de nouvelles avantures. Enfin il fixa son attention sur la *Corse*, & conçut le dessein de s'en faire Roi. Après s'être bien informé de tout ce qui regardoit cette Isle, il se rendit à *Tunis*, où il trouva le moyen de se procurer quelque argent & des armes. De-là il vint à *Livourne*, & écrivit une lettre aux Chefs des *Corses*, *Giafferi* & *Paoli*, offrant à la Nation des secours considérables si elle vouloit l'élire pour son Souverain. Cette lettre étoit addressée au Comte *Dominique Rivarola*, Plénipotentiaire des *Corses* en *Toscane*, qui répondit à *Théodore*, que s'il amenoit les secours qu'il promettoit aux *Corses*, ils lui déféreroient volontiers la Couronne.

Sur cela il mit à la voile, sans perte de tems, & débarqua à *Tavagna* au Printems de l'année 1736., avec une suite peu nombreuse. C'étoit un homme d'une taille avantageuse,

geuse, & l'habillement *Turc*, qu'il portoit, relevoit encore la dignité de son air. A beaucoup d'esprit & d'habileté il joignoit des manières si prévenantes, & ses offres paroissoient si plausibles, qu'il fut proclamé Roi de *Corse*, avant même que les Chefs eussent reçu les dépêches du Comte *Rivarola*, qui les informoit des conditions dont il étoit convenu avec *Théodore*. Il avoit apporté environ mille sequins de *Tunis*, outre quelques armes & munitions de Guerre, & faisoit de magnifiques promesses d'un secours prompt & puissant; desorte que les *Corses*, transportés de joie & de reconnoissance, entrérent de grand cœur dans ses projets; & au fonds ils ne risquoient pas grand' chose à lui accorder le simple titre de Roi, puisqu'ils étoient toujours les maîtres de restreindre son autorité, de la façon qu'ils le jugeroient à propos.

THEODORE s'arrogeoit toutes les marques de la dignité Royale; il avoit ses Gardes, & ses Officiers d'Etat; il conféroit des titres d'honneur, & faisoit battre des monnoies d'Argent & de Cuivre. Les premières, qui étoient en petit nombre, sont devenues extrêmement rares; mais je possède une des dernières, portant d'un côté les lettres T. R. (*Theodorus Rex*) croisées par deux rameaux, avec cette légende; *Pro bono publico Re. Co.* (*Regni Corsicæ.*) C. à. d. *Pour le bien public du Royaume de* CORSE; & sur le revers est exprimée la valeur de la pièce, *cinque soldi*, C. à. d. *cinq sols*. La curiosité d'avoir des monnoies du Roi *Théodore* fut si grande par toute l'*Europe*, que ses pièces d'ard'argent fe vendoient jufqu'à 4. fequins; & quand les véritables eurent été épuifées, l'on en fabriqua à *Naples* qui, de même que les imitations d'antiques, furent encore achetées à très-haut prix, & fe confervent foigneufement dans les Cabinets des Curieux.

Le nouveau Roi inveftit tout de fuite les Forterefles des *Genois*, & fe fit voir tantôt à un fiège, tantôt à l'autre, tenant fouvent une lunette d'approche à la main, comme pour découvrir les fecours qu'il difoit attendre ; &, par un autre artifice, il fe faifoit continuellement apporter de gros paquets du Continent, qu'il prétendoit lui être addreflés par divers Souverains de l'*Europe*, qui reconnoiffoient fon autorité, & lui promettoient de favorifer fon entreprife. Les *Genois* ne furent pas peu déconcertés par l'arrivée inopinée de cet Avanturier, contre lequel ils publierent un violent Manifefte, rempli d'injures, mais qui en même tems déceloit leurs allarmes. *Théodore* leur repliqua avec toute la modération & la dignité d'un Monarque, qui méprifoit leurs traits impuiffans, & qui fembloit s'affurer d'avance de la victoire. Cependant le Miniftre de *Gênes* à *Londres* fit tant, par fes repréfentations à cette Cour, que le 24 *Juillet* 1756., la Reine de la *Grande-Bretagne* défendit à tous fes Sujets de fournir des provifions ou des fecours aux Mécontens de *Corfe*.

Après avoir paffé environ huit mois dans l'Ifle, *Théodore* s'appercevant que l'affection des Peuples commençoit à fe refroidir à fon égard, & qu'ils n'agiffoient plus avec la même vigueur qu'auparavant, se détermina sagement à les quitter pour peu de tems, & à chercher de nouveau fortune sur le Continent. Ayant formé un plan d'administration pour être observé pendant son absence, il partit de *Corse*, au mois de *Novembre*, & se rendit en *Hollande*, où il eut le bonheur d'engager divers riches Négocians, sur-tout de la Nation *Juive*, à équiper un Vaisseau chargé de canon, & d'autres munitions de Guerre, pour une somme très-considérable. Avec ce Vaisseau il retourna dans l'Isle en 1739, & à son arrivée il fit mourir le Capitaine, pour n'être plus inquiété par rapport aux grandes prétensions qu'il formoit à sa charge.

Sur ces entrefaites, les *François*, comme on le dira plus bas, s'étoient rendus si puissans dans l'Isle, que quoique *Théodore* eût fait débarquer ses provisions & munitions de Guerre, il n'osa point s'exposer en personne contr'eux, les *Genois* ayant mis sa tête à prix; mais il aima mieux abandonner son trône, & sacrifier à sa sureté toutes ses vues ambitieuses. On voit là un exemple remarquable de ce que le courage & la témérité sont en état d'entreprendre; car si *Théodore* avoit eu un peu plus de prudence, & de meilleur succès, lui & ses descendans auroient porté la Couronne de *Corse* sous le titre glorieux de Libérateurs de la Patrie opprimée.

On a souvent prétendu que *Théodore* étoit secrettement appuyé par quelques Puissances de l'*Europe*; mais je ne trouve pas le moindre fondement à cette conjecture; & quoiqu'il
parois-

paroisse bien extraordinaire de voir un simple particulier s'embarquer, de son propre chef, dans une entreprise de cette nature, il faut considérer, que *Théodore* étoit un personnage des plus singuliers, qui ayant toujours été le jouet d'une bizarre fortune, avoit perdu les sentimens communs de l'humanité, & ne voyoit les choses que comme un homme yvre, en délire, ou dans un accès de fièvre. Il n'avoit d'ailleurs rien à perdre, & il pouvoit gagner gros. Son projet étoit d'amuser les *Corses* par des promesses de secours étrangers, & de les faire agir à la faveur de ces espérances; s'il eut réussi, rien ne lui étoit plus facile que d'alléguer qu'il avoit contremandé ces secours comme inutiles; & en ce cas il est probable qu'il auroit effectivement trouvé de l'appui auprès de quelqu'une des Puissances de l'*Europe*.

Les *Corses* parlent aujourd'hui fort diversement du Roi *Théodore*. Quelques-uns de ceux qui avoient ajouté le plus de foi à ses belles promesses, l'élèvent encore jusqu'aux nues, pour justifier leur propre jugement; d'autres, qui l'ont toujours regardé comme un Imposteur, sans avoir voulu concourir dans ses mesures, insultent à la mémoire de ce Roi de Théatre; mais les plus judicieux & les mieux instruits, entre lesquels je compte le Général lui-même, le considerent sous le point de vue modéré où je l'expose, & avouent qu'il fut d'une grande utilité pour ranimer le courage de la Nation, qui après tant d'années d'une Guerre constante & ruineuse, commençoit à se relâcher, & que

Théodore rétablit, en rallumant le feu sacré de la liberté.

Cependant ils sentent l'espèce de ridicule que son sort malheureux a jetté sur la Nation, qui eut bientôt le chagrin de voir son Roi confiné pour dettes dans une prison de *Londres*. Mr. *Horace Walpole* s'intéressa généreusement en faveur du pauvre *Théodore*. Il publia un écrit des plus pathétiques, pour inviter les ames charitables à secourir le Monarque indigent, en les priant de remettre leurs dons à Mr. *Robert Dodsley*, Libraire, honoré de la qualité de Tréforier Royal. La Collecte lui rapporta une somme fort considérable, & quelque tems après il sortit de prison. Mr. *Walpole* a en main l'Acte original, en vertu duquel *Théodore* transporta, à ses Créanciers, le Royaume de *Corse*. Le premier m'a raconté qu'il avoit eu depuis l'occasion de voir le Roi *Théodore* chez une Dame de sa connoissance, mais que, soit par orgueil, ou par abrutissement, il n'avoit pas ouvert la bouche. Je suppose que le poids de ses disgraces l'avoit rendu chagrin & insensible. Il mourut fort peu de tems après avoir été remis en liberté, & fut enterré dans le Cimetière de l'Eglise de *Ste. Anne* à *Westminster*, où on lui a érigé un Monument simple & sans ornemens, avec une Epitaphe en *Anglois*, dont voici la traduction. *Cy git* Théodore *Roi de* Corse, *qui mourut dans cette Paroisse le* 11. *Dec.* 1756., *immédiatement après être sorti de la prison du Banc du Roi sous le benefice de l'Acte d'insolvabilité, après avoir transporté son Royaume de* Corse *à ses Créanciers.*

ciers. On y a ajouté une réflexion morale en 5 vers, fur la Mort, qui rend tous les hommes égaux, & fur l'inconſtance de la Fortune, dont l'exemple de *Théodore* eſt des plus frappans: *Elle lui donne un Royaume, & lui refuſe du Pain*! Comme on a fait tant de contes abſurdes au ſujet de ce Perſonnage fameux, j'ai cru que mes Lecteurs me ſauroient gré des peines que je me ſuis données pour leur en procurer des informations authentiques.

Pour revenir aux affaires de l'Iſle, les *Genois*, ardens à reprimer la rebellion de l'année 1734., prirent à leur ſolde quelques Compagnies de *Suiſſes* & de *Griſons*, qui, accoutumés à un Païs rempli de montagnes, pûſſent d'autant mieux balayer celles de *Corſe*; mais ces Troupes éprouverent mille difficultés à en déloger les habitans, qui faiſoient feu continuellement fur elles, & qui avoient une infinité de voies pour leur retraite. Les *Suiſſes* virent bientôt qu'ils avoient fait un mauvais marché, & qu'ils donnoient aux *Genois* trop de ſang pour leur argent. La Republique eut auſſi recours à l'expédient deſeſpéré de *Marius* & de *Sylla.* Elle publia un Edit pour offrir le pardon à tous ſes Aſſaſſins & Bandits, ſans diſtinction, à condition qu'ils la ſerviroient en *Corſe.* Les Meurtriers & les Brigands de *Gènes* ne font pas une partie peu conſidérable de ſes Citoyens. Ces miſérables étant accourus de toutes parts, on en forma douze Compagnies, qui furent jointes aux *Suiſſes* & aux *Griſons.*

On peut bien juger que des Troupes mercenaicenaires, & des Scélérats de profession n'étoient guères propres à repousser les efforts d'une Armée de Braves, qui combattoient pour la grande cause de la liberté, & qui étoient prêts à lui sacrifier tout ce qu'ils avoient de plus précieux.

Mais la *France*, toujours attentive à ce qui se passoit dans cette Isle, commençant à craindre que les *Corses* ne secouassent entièrement le joug de la servitude, & ne parvinssent à s'ériger en Etat libre, sous la protection des autres Puissances de l'*Europe*, ou qu'ils ne se donnassent à quelque grande Nation; la *France*, dis-je, résolut de les forcer à rentrer sous la domination de *Gènes*; car par ses négociations constantes avec la Republique, cette Couronne y a acquis un tel ascendant, qu'elle peut, quand il lui plait, y ordonner tout ce qui convient à ses intérêts.

Il se fit donc, à *Versailles*, un Traité, par lequel S. M. *Très-Chrétienne* s'engageoit à réduire les *Corses*, & ce Traité fut dressé avec tant d'art, qu'il paroissoit que cela se faisoit aux fortes instances des *Genois*, quoiqu'au fonds la Republique eût trop récemment expérimenté le danger qu'il y avoit de réclamer l'assistance d'un Etat puissant, pour souhaiter de répéter le même expédient. Au mois de *Mars* 1738., le Comte de *Boissieux* fut envoyé en *Corse* avec un Détachement de Troupes *Françoises*. Ce Général, bon Officier, mais peu entreprenant, étoit accompagné, dans cette expédition, par Mr. de *Contades*, depuis Maréchal de *France*, & le même qui commandoit l'Armée *Françoise* à

la

la Bataille de *Minden*. Après plusieurs Conférences avec les Chefs des *Corses*, *Giafferi* & *Paoli*, assistés de *Luc d'Ornano*, d'une branche collatérale de la grande famille que *Sampiero de Bastelica* avoit autrefois représentée, Mr. de *Boissieux*, trouvant que les *Corses* ne vouloient pas se soumettre à leur ancienne oppression, commença les hostilités.

Les Peuples de l'Isle addresserent à S. M. Très-Chrét., un Mémoire des plus pathétiques, dans lequel, après avoir fait une longue énumération de leurs griefs, ils disoient, que la *France* leur ayant offert autrefois sa protection, ils espéroient qu'elle ne voudroit pas à présent les forcer à se soumettre de nouveau à la tyrannie la plus cruëlle. A ce Mémoire étoient joints des Articles d'Accommodement, qui parurent trop fiers pour un Peuple dans l'état où se trouvoient les *Corses*; & la *France* approuva les Articles que les *Genois* avoient formés; de sorte qu'on ne put convenir de rien. Sur cela *Giafferi* & *Paoli* publiérent un Manifeste pour encourager leurs Compatriotes, & le concluoient avec le noble sentiment de *Judas Maccabée*: „ Il „ vaut mieux que nous mourrions dans la „ bataille, que de voir les maux de notre „ Nation (*v*)."

Mr. de *Boissieux* fit beaucoup de mal aux *Corses*; car quoique ses opérations fussent lentes, elles étoient bien dirigées. Il eut même

(*v*) Melius est mori in bello quam videre mala gentis nostræ. 1 *Maccabées*, *Chap*. III, verf. 59.

me recours à l'artifice, ayant fait habiller une partie de ses Troupes exactement comme les Insulaires, dont on tua un grand nombre à la faveur de ce stratagème, qui jetta une étrange confusion & une grande épouvante parmi les *Corses*, lesquels ne pouvoient plus distinguer, à moins que d'en être tout proches, si les Partis, qui se montroient sur les montagnes & dans les forêts, étoient amis ou ennemis. Cependant de nouvelles Troupes ayant été envoyées de *France*, les Vaisseaux de transport furent accueillis d'une terrible tempête, & quelques-uns échouérent sur les Côtes de *Corse*, où les Patriotes firent les Soldats prisonniers, & se saisirent de leurs armes. Mr. de *Boissieux* ne vécut pas assez pour voir le succès de ses opérations. Il devint malade & mourut à *Bastia*, au mois de Février 1739.

Les *Genois*, fort enorgueillis des avantages que la Monarchie *Françoise* avoit remportés sur les *Corses*, publiérent un long Mémoire, dont le commencement est des plus plaisans. ,, Tout le monde (y disoient-ils) connoît ,, si bien la douceur & l'amour avec lesquels ,, la Republique de *Gènes* gouverne ses Peu- ,, ples, & sur-tout avec quelle bonté & ,, quelle affection elle a toujours regardé ,, ceux de la *Corse*, &c. (*x*). " Ils pensoient réëllement que ceci passeroit en *Europe* pour une vérité sérieuse.

Les *Corses*, toujours pleins de confiance
en

_____
(*x*) *Jauffin*, Tom. I. p. 358.

en la bonté de leur cause, demeuroient inflexibles, & jamais on ne seroit venu à bout de les soumettre, si l'on n'eût employé contre eux des forces supérieures, auxquelles il ne leur étoit pas possible de résister. Ce fut au mois de *Mars* 1739., que la *France* envoya en *Corse* le Marquis de *Maillebois*, Général à tous égards propre pour une Expédition de cette nature, & qui, à une grande pénétration d'esprit, joignoit un feu & une activité extraordinaires. Il vit bientôt que ni les *Genois*, ni même les *François*, n'avoient point agi avec assez de vigueur contre les *Corses*, & qu'il étoit nécessaire de frapper un coup hardi, s'il vouloit faire quelque impression sur de braves Insulaires, accoutumés depuis long-tems à des scènes sanglantes. Chargé par les ordres de son Souverain, de conquérir ces Peuples, il résolut de le faire effectivement. Tout fut préparé pour l'entreprise. Il avoit 16 Bataillons, l'élite des Troupes de *France*, outre quelques Compagnies d'Arquebusiers & de *Bearnois*, experts à gravir les montagnes.

Ayant formé deux grands Corps, & différens petits Partis, tous bien fournis de munitions, & de toutes autres choses nécessaires ou convenables, il pénétra jusques dans les parties les plus intérieures de l'Isle, tandis que ses Grenadiers trainoient le canon à travers les défilés les plus rudes. Il coupa les bleds, les vignes, les oliviers, brûla les Villages, & répandit par tout la terreur & la désolation. Il fit pendre un grand nombre de Moines, & d'autres principaux moteurs de la revolte, & publioit, dans le même tems, en tous les lieux où il portoit ses pas, ses articles de capitulation, qu'on devoit s'empresser d'accepter au milieu d'une destruction si générale. Nonobstant la mauvaise cause qu'il défendoit, on ne peut qu'admirer son habileté dans ses opérations militaires.

On a vû plus haut que *Théodore* n'avoit point ôsé mettre pied à terre dans son second Voyage en *Corse*. Les secours qu'il y laissa ne furent pas de beaucoup d'utilité dans les circonstances d'une boucherie si terrible & sans exemple, qui, jointe à la crainte d'une vengeance encore plus grande, de la part d'une Puissance aussi formidable que la *France*, obligea les *Corses* à mettre bas les armes, à la fin de la Campagne de 1739., qui fut des plus meurtrières. On trouva, parmi ces armes, un millier de fusils, qui portoient la marque de *Gênes*. La Republique n'eut pas honte d'en demander la restitution. Les Généraux *Giafferi* & *Paoli* se retirérent à *Naples*, où ils furent faits l'un & l'autre Colonels, caractère dont ils ont joui jusqu'à leur mort. Il restoit encore un petit nombre de Patriotes enthousiastes, cachés dans les parties les plus désertes de l'Isle; mais ils furent tous réduits avant la fin de l'année 1740. Le jeune Baron *Newhoff*, neveu de *Théodore*, après avoir échappé long-tems aux diligentes poursuites du Général *François*, se rendit aussi avec quelques-uns de ses braves Compagnons, à condition qu'ils seroient trans-

transportés en sureté sur le Continent, ce qui fut fidèlement exécuté; &, de cette façon, toute la *Corse* se vit réduite sous l'obéïssance de la *France*.

Les *Genois* tirèrent autant de vanité de cette victoire, que s'ils l'eussent remportée eux-mêmes. Ils remirent, à Mr. de *Maillebois*, un plan des opérations, qu'ils jugeoient les plus propres pour maintenir l'Isle dans une tranquillité perpétuelle. Ces propositions, qui nous ont été conservées par Mr. *Jaussin* (y), sont telles, que tout Etat rougiroit de les faire. Entre plusieurs autres expédiens barbares, il y en avoit un, qui consistoit à transporter un grand nombre d'Insulaires pour peupler les Colonies *Françoises* en *Asie* & en *Amerique*. On ne pouvoit assurément rien imaginer de plus violent, ni en même tems de plus absurde. Aussi *Jaussin*, tout partisan qu'il soit des *Genois*, ne sauroit s'empêcher de remarquer à cette occasion; ,, qu'il sembloit par-là qu'ils auroient ,, été contens d'être Souverains des seuls ,, Rochers de *Corse* sans Sujets (z)."

La *France*, engagée dans une nouvelle Guerre, qui l'intéressoit davantage que les affaires des *Genois*, ou que la conservation de la *Corse*, jugea à propos d'en rappeller ses Troupes, qui évacuérent l'Isle sur la fin de l'année 1741., la laissant entièrement soumise & tranquille; mais c'est dans le sens

(y) *Tom.* I. *p.* 468.
(z) *Ibid. p.* 481.

sens que l'entendoit *Galgacus*, l'ancien Chef des *Ecoffois*, lorsque, dans sa fameuse harangue sur les Montagnes du *Grampian*, il disoit des *Romains*: „ Quand ils dévastent un Païs, „ ils appellent celà faire la Paix (*a*) ".

Les *François* connoissoient trop bien les *Corses*, pour croire qu'ils se soumettroient à la Republique, lorsqu'ils se verroient rendus à eux-mêmes. L'évènement ne tarda pas à justifier la conjecture des premiers, & à peine étoient-ils partis, que les Insulaires se remirent en mouvement plus que jamais. Plusieurs de leurs Compatriotes, établis dans différentes Villes d'*Italie*, les fournirent d'armes, & ils en enleverent encore quantité aux *Genois*. De même qu'un arc fortement tendu reprend son élasticité, ainsi la Nation, long-tems abaissée, se relève avec une vigueur nouvelle. Hommes, femmes, enfans, tout se met en Campagne, sans en excepter les Ecclésiastiques; chacun, à l'exemple des *Spartiates*, est animé d'un seul & même esprit pour deffendre la liberté de la Patrie contre les Tyrans.

Gaffori & *Matra* obtinrent alors le Gouvernement de la *Corse*, sous le titre de Protecteurs du Royaume. *Gaffori* étoit un homme à talens distingués, & se faisoit surtout remarquer par son éloquence. Les *Corses* parlent encore avec admiration de ses harangues à la Nation. Un jour ayant appris

qu'une

―――――――

(*a*) Ubi solitudinem faciunt, pacem appellant. *Tacit. de Vit. Agric. Cap.* 30.

qu'une troupe d'Affaſſins étoient en marche contre lui, il alla à leur rencontre, & ſe préſentant à eux avec un air ſerein & plein de dignité, qui les étonna, il leur fit une peinture ſi touchante des maux de la Patrie, & ſçut ſi bien exciter leur reſſentiment contre les auteurs de l'oppreſſion, que ces Meurtriers, ſe jettant à ſes pieds, le priérent de leur pardonner, & ſe rangerent au même inſtant ſous ſes drapeaux.

Les *Genois*, maîtres du Château de *Corte*, y furent vivement aſſiégés par les *Corſes* ſous les ordres de *Gaffori*. Pendant ce ſiège, il arriva, par une étrange imprudence, que la Gouvernante du fils aîné de ce Général, s'étant un peu écartée du Camp, avec l'enfant qu'elle conduiſoit, les *Genois*, qui les apperçurent, ſortant tout-à-coup, ſe ſaiſirent de l'un & de l'autre & les emmenérent dans la Citadelle. Le Général ne ſe laiſſa point abattre par ce funeſte accident, qui répandit la conſternation dans toute l'Armée. Les *Genois*, poſſeſſeurs d'un gage ſi précieux, crurent que *Gaffori* acquieſceroit à telles conditions qu'ils voudroient lui preſcrire. S'il s'avançoit pour faire jouër l'Artillerie contre leurs murailles, ils expoſoient ſon fils à l'endroit même où ſe formoit l'attaque. Les *Corſes* s'arrêtoient & commençoient déja à ſe retirer, quand *Gaffori*, avec l'intrépidité d'un Héros *Romain*, marchant à leur tête, leur ordonna de continuer le feu. Par bonheur, ſa fermeté ne fut point fatale à ſon enfant, qui s'échappa ſain & ſauf des mains des *Genois*. J'ai eu le plaiſir de connoître ce jeune Seigneur,

gneur, & de lui entendre raconter cette his̄-
toire, qui fait tant d'honneur à son Père,
dont il a hérité les biens; & elle m'a été aussi
confirmée par des personnes impartiales.

Matra, le second Général ou Protecteur,
fut toujours soupçonné d'entretenir une intelligence secrette avec les *Genois*, & de favoriser leurs vues, en fomentant les dissentions dans sa Patrie. En effet, le plus grand
malheur des *Corses* étoit leur défaut d'union,
d'où naissoient des animosités particulières,
qui, les occupant tout entiers, détournoient
leur zèle de la cause générale.

En 1743, le Comte *Dominique Rivarola* arriva à *Bastia*, avec quelques Vaisseaux de
Guerre *Anglois*. La *Grande-Bretagne* avoit
deffendu, à ses Sujets, de donner aucun secours à ces Peuples; mais, les intérêts politiques ayant changé, elle consentit à envoyer
ces Vaisseaux contre les *Genois*, uniquement
par complaisance pour le Roi de *Sardaigne*,
son Allié, qui avoit pris fort à cœur la cause
de ces Insulaires. Les *Anglois* bombarderent
Bastia & *San-Fiorenzo*, & s'étant rendus maîtres de ces deux Places, ils les remirent l'une
& l'autre aux *Corses*; service important, qui
ne sera jamais effacé de leur mémoire.

Le Comte *Rivarola* fut proclamé Généra-
lissime du Royaume; mais *Gaffori* & *Matra*,
qui n'assisterent point à cette élection, firent
tous leurs efforts pour la traverser; ce qui
fut une nouvelle source d'animosités & de
dissentions. Les *Anglois* partirent là-dessus,
sans pouvoir se former, des *Corses*, d'autre
idée que celle d'un Peuple barbare; & faute

te de meilleures informations de l'état de leurs affaires, ces finiſtres impreſſions ſe ſont conſervées depuis, & n'ont eu que trop d'influence dans la *Grande-Bretagne*.

A la fin *Rivarola, Gaffori* & *Matra*, ayant fait entr'eux une eſpèce d'accommodement, les choſes s'arrangerent un peu mieux. Cependant les *Genois* ne tarderent pas à recouvrer *Baſtia* & *San-Fiorenzo*.

EN 1746., les *Corſes* envoyerent deux Députés, chargés de faire des propoſitions au Comte de *Briſtol*, alors Ambaſſadeur de S. M. *Brittannique* à la Cour de *Turin*. Ils offroient de remettre leur Iſle ſous la protection de la *Grande-Bretagne*. Ces Députés attendirent à *Turin* la réponſe du Miniſtère de *Londres*, qui témoigna, au Lord *Briſtol*, ſa ſatisfaction au ſujet de ces offres, eſpérant que les *Corſes* perſiſteroient dans des diſpoſitions ſi favorables, quoique, pour le préſent, les circonſtances du tems ne fûſſent pas propres à entrer en Alliance avec eux.

LE Comte *Dominique Rivarola*, jugeant qu'il pourroit mieux ſervir ſa Patrie dans l'éloignement, retourna à *Turin*, où il ménagea conſtamment la bienveillance de S. M. *Sarde* en faveur de la *Corſe*. Il mourut au mois d'*Avril* 1748., avec le rang de Colonel, laiſſant après lui la réputation d'un honnête·homme, & d'un brave Patriote. Les ſecours, qu'il avoit obtenus de la Cour de *Turin*, auroient été capables de procurer la liberté à ſa Nation, ſans les menées de la Famille de *Matra*, qui étoit dévouée à la Republique, & qui eut

aſſez

assez de crédit pour former un puissant Parti dans l'Isle.

Dans le courant du même mois d'*Avril*, le Vaisseau *Anglois* le *Nassau*, commandé par le Capitaine *Holcomb*, conduisit en *Corse*, sur quelques Bâtimens de transport, 2 Bataillons, dont l'un étoit *Piémontois*, & l'autre *Autrichien*, destinés à secourir ces Insulaires ; mais, par la Paix générale d'*Aix-la-Chapelle*, les Puissances étrangères ne pouvant plus se mêler de ces affaires, les *Corses* & les *Genois* furent de nouveau abandonnés à eux-mêmes.

Mylord *Hailes* conserve, dans sa précieuse Collection de Manuscrits historiques, deux Pièces relatives à la *Corse*. L'une est intitulée : *Information de l'état dans lequel se trouve présentement la* Corse, *& de ce qu'il faudroit pour la délivrer de l'esclavage du Gouvernement* Genois ; *traduit de l'*Italien, *par le Comte* Dominique Rivarola. L'autre est une Relation de l'état de la *Corse*, écrite en *Italien*, par un Anonyme, qui paroît avoir été bien instruit. Ces deux Ecrits représentent les avantages que pourroit retirer une Puissance Maritime, en formant une Alliance avec la *Corse*. Ils furent communiqués, par Mr. *Carret de Gorregne*, Ministre *Piémontois*, au Général *Wentworth*, Ambassadeur d'*Angleterre* à la Cour de *Turin*, & je crois qu'ils contribuérent beaucoup à procurer l'interposition de LL. MM. *Sarde* & *Brittannique* en faveur des *Corses*.

Sur la fin de l'année 1748., *Matra* passa au service de *Piémont*, & laissa *Gaffori* seul Général

néral de l'Isle. Depuis lors l'on ne vit qu'une continuation des mêmes scènes d'horreur & de desespoir jusqu'au 3. d'*Octobre* 1753., que *Gaffori* fut assassiné par une troupe de Meurtriers, qu'on doit supposer avoir été gagnés par la Republique: du moins est-il certain, que quelques-uns de ces scélérats tirent encore une chétive pension pour vivre dans le territoire de *Gênes*. On a érigé, à *Corte*, un monument d'infamie à l'endroit où étoit située la maison du Chef de ce détestable complot, après qu'elle eût été brûlée & rasée jusqu'aux fondemens.

Les *Corses*, par un effet de leurs violentes dissentions domestiques, parlent différemment de *Gaffori*, à qui les uns attribuent des vues trop intéressées dans ses projets d'accommodement avec les *Genois*; mais les autres, qui forment le plus grand nombre, s'accordent à lui rendre la justice due à un Héros, qui par ses vertus & ses qualités éminentes a bien mérité de sa Patrie.

Le Général *Gaffori* avoit mis l'Administration de l'Isle sur un si bon pied, que les *Corses* furent en état de continuer la Guerre, sans Chef, pendant deux ans, avec des succès divers.

L'on a prétendu que les Patriotes s'étoient engagés, par serment solemnel, à se jetter eux-mêmes dans les flammes, à l'exemple des anciens *Sagontins*, plutôt que de se soumettre à la Republique de *Gênes*; & le Docteur *Smollet*, zèlé partisan de ces Insulaires, a inséré, dans son Histoire, (*b*) le formulaire
de

(*b*) *Smoll. Hist. vol.* 16 *p* 384.

de ce ferment, que toute l'*Europe* a regardé comme une pièce authentique ; mais *Paoli* m'a assuré que c'étoit une fable.

J'en viens préfentement à un évènement remarquable dans les Annales de *Corfe*, & qui formera une époque principale de la félicité & de la gloire de cette Ifle ; je veux dire l'élévation de *Pafcal Paoli* au Généralat du Royaume.

Pascal Paoli (*c*) étoit le fecond fils de *Hyacinte Paoli*, qui avoit été l'un des Chefs de fa Nation. Il fut élevé avec beaucoup de foin par fon Père, qui forma fon goût pour les Lettres, & lui infpira des fentimens dignes de fa noble origine. Né en *Corfe*, il y avoit fait un affez long féjour pour contracter un vif attachement en faveur de fa Patrie, & pour partager l'oppreffion fous laquelle elle gémiffoit alors. L'Ifle ayant été tout-à-fait fubjuguée par le Marquis de *Maillebois*, *Paoli*, le Père, fe retira à *Naples* avec fon fils, qui eut l'avantage de fréquenter l'Académie, d'obtenir un Brévet d'Officier dans l'Armée, & de fe produire à la Cour, où il refta environ treize années, qu'il employa à cultiver les facultés fupérieures dont la Nature l'avoit doué, & à jetter les fondemens des

---

(*c*) Son Nom, en *Italien*, eft *Pafquale dè' Paoli*: J'écris *Pafcal*, parceque cela fonne mieux en *Anglois*, & j'évite auffi de lui donner aucun titre, fuivant l'avis de Mylord *Hailes*, qui m'a fait remarquer qu'on ne difoit pas *le Roi Alexandre*, mais *Alexandre de Macédoine*, & qu'un titre n'ajouteroit rien à la dignité de *Judas Maccabée*.

des grands desseins qu'il avoit formés de bonne heure pour la délivrance de sa Patrie. Sa réputation s'accrut si fort auprès des *Corses*, qu'ils l'inviterent, avec les instances les plus pressantes, à venir se mettre à leur tête. Animé d'une noble ambition, l'entreprise lui parut trop glorieuse pour ne pas la tenter, malgré les dangers, les soins & l'incertitude du succès, dont elle devoit être accompagnée.

Lorsqu'il prit congé de son Père, ce vieillard respectable, le serrant tendrement dans ses bras, lui donna sa bénédiction, & d'une voix foible, entre-coupée de sanglots, l'encouragea à l'exécution de ses desseins, par la réussite qu'il sembloit lui en promettre d'avance. ,, Mon cher fils, (lui dit-il,) je ne ,, vous reverrai peut-être plus ; mais vous ,, n'en serez pas moins toujours présent à ,, mon esprit. Votre entreprise est grande ; ,, elle est noble, & je ne doute point que ,, Dieu ne lui accorde sa bénédiction. J'em- ,, ployerai le peu de momens qui me restent ,, à vivre, pour implorer la protection du ,, Ciel en faveur de votre prospérité & de ,, votre gloire". Après l'avoir embrassé une seconde fois, ils se quittèrent.

Le jeune *Paoli* n'eut qu'à se montrer dans l'Isle pour s'attirer l'attention d'un chacun : ses traits mâles & nobles, la vivacité naturelle de son esprit, la force & la justesse de son jugement, l'excellence de ses principes, & sur-tout les charmes de son éloquence, ses manières polies, son affabilité, sa modestie, lui gagnerent les cœurs de ses Compatriotes, l'élurent leur Chef d'une voix unanime, ainsi qu'ils le déclarerent par le Manifeste suivant, qui fut publié à cette occasion.

Le suprême Conseil-Général du Royaume de Corse, aux très-affectionnés Peuples de la Nation.

Tres-chers Peuples et Compatriotes.

„ Ces vieilles animosités particuliéres,
„ que nous avons vû se réveiller de-
„ puis peu entre des personnes, qui n'ont
„ plus la crainte de Dieu devant les yeux,
„ ni l'amour public dans le cœur, ayant en-
„ fanté des dissentions, dont le progrès
„ devient fatal au repos de la Patrie, ont
„ obligé nos principaux Chefs de nous con-
„ voquer à cette Consulte-Générale, afin de
„ prendre des mesures convenables pour l'af-
„ fermissement de l'union commune, & pour
„ faire agir toute la rigueur de la Justice
„ contre ceux qui tâchent d'en éluder les
„ poursuites, en soufflant par-tout le feu de
„ leurs passions effrenées.

„ Apres avoir murement délibéré sur les
„ moyens de parvenir à un but si salutaire,
„ nous n'en avons point trouvé de meilleur,
„ ou de plus sûr, que d'élire un Chef Géné-
„ ral, Oeconomique & Politique du Royau-
„ me, doué de facultés éminentes, dont le
„ pouvoir fût illimité, excepté lorsqu'il s'a-
„ giroit d'affaires d'État, sur lesquelles il
„ ne peut rien statuer sans la concurrence
„ des Peuples, ou de leurs Représentans.

„ En

„ En conséquence on a procédé à cette
„ élection, & tous les suffrages se sont réu-
„ nis en faveur de *Pascal Paoli*, Seigneur dont
„ les vertus & les qualités supérieures l'en
„ rendent digne à tous égards.
„ Apres une élection si générale, faite par
„ les Chefs du Conseil de Guerre, les Dépu-
„ tés des Provinces, & les Représentans
„ respectifs des Paroisses assemblés ici, nous
„ avons adressé une Lettre de notification
„ à ce Seigneur, & lui avons envoyé une
„ nombreuse Députation, composée des plus
„ notables Membres de l'Assemblée, pour
„ l'inviter à accepter cette Charge, & à se
„ rendre ici, afin d'y être réconnu dans sa
„ nouvelle qualité de Chef, d'y jurer solem-
„ nellement d'en remplir les devoirs, avec
„ tout le zèle, l'amour & le desintéresse-
„ ment requis; & d'y recevoir en même tems
„ le serment de fidélité & d'obéïssance de
„ tous & un chacun de nous.
„ Il a montré toute la répugnance possible
„ à accepter un pareil fardeau, & a allégué di-
„ verses raisons pour en être dispensé. Mais,
„ informé de nos résolutions en cas de refus,
„ il a dû enfin y acquiescer, obligé de céder
„ à la force, & hier au soir s'étant rendu ici,
„ il a prêté son serment & reçu le nôtre.
„ Il reste donc chargé de l'Administration
„ du Gouvernement, assisté de deux Conseil-
„ lers d'Etat, & d'un Député d'entre les plus
„ notables personnes de chaque Province, qui
„ seront changés tous les mois.
„ Nous avons arrêté, que le trois du mois
„ d'*Août* prochain, une Commission ambulan-
„ te

,, te fera fa tournée générale pour rechercher
,, & punir les auteurs de quantité de crimes,
,, & particulièrement de meurtres, commis
,, depuis peu en divers endroits. La Dépu-
,, tation des Magiſtrats à nommer à cet effet,
,, fera dirigée par ledit Général, qui fixera
,, auſſi le nombre de Troupes qu'il jugera né-
,, ceſſaire pour ſon ſoutien.

,, Nous eſpérons que ces arrangemens au-
,, ront l'approbation univerſelle de la Nation,
,, puis qu'ils ne tendent qu'à l'avantage de la
,, Patrie; & nous enjoignons à tous les Chefs
,, & Commiſſaires des Paroiſſes, de veiller,
,, de leur côté, autant qu'il eſt en leur pou-
,, voir, au maintien de la tranquillité publi-
,, que dans leurs Diſtricts reſpectifs.

,, *Donné à* St. Antoine *de la* Maiſon Blan-
,, che, *le* 15 *de* Juillet 1755 ".

QUOIQUE *Paoli* eût long-tems réfléchi ſur
l'importance de la Charge dont il alloit être
revêtu, il fut ſaiſi de crainte à l'approche du
moment où il devoit entrer dans ſes fonctions.
L'étendue de ſes vues, & la ſublimité de ſes
idées lui faiſoient trouver, dans l'exercice
de cet éminent Emploi, des difficultés, qui
auroient paru moins grandes à tout autre, dont
les talens & les deſſeins euſſent été plus bor-
nés. Son indéciſion & ſa réſiſtance, lorſqu'il fut appellé au Commandement ſuprême,
n'étoient point affectées. Plus il en peſoit les
conſéquences, plus il avoit de peine à ſe réſoudre, ne pouvant prévoir alors, avec cer-
titude, l'étonnante influence qu'auroit ſon
Gouvernement ſur le bonheur de ſa Patrie.
Mais les repréſentations, qui lui furent faites

étoient

étoient si pressantes, & même si absolues, qu'il se crut obligé, par devoir, d'accepter une tâche aussi pénible.

Le nouveau Général trouva toutes les parties de l'Administration dans le plus affreux desordre; il n'y avoit dans l'Isle ni subordination, ni discipline, ni argent, presque point d'armes, encore moins de munitions, &, ce qui étoit pire, beaucoup de division parmi les Peuples. *Paoli* s'appliqua d'abord à remédier à ces défauts. Ses conseils & son exemple produisirent les effets les plus merveilleux. Les Citoyens de tout rang & de toute condition s'empressèrent à fournir ce qui étoit nécessaire pour continuer la Guerre avec vigueur, & en fort peu de tems les *Genois* furent repoussés jusques dans les extrémités les plus reculées de l'Isle.

Après avoir ainsi expulsé l'ennemi du centre de sa Patrie, *Paoli* eut le loisir de donner son attention à la partie civile de l'Administration, où il fit éclater une capacité & une constance incomparables. Il corrigea une infinité d'abus, qui s'étoient glissés dans les derniers tems de trouble & de confusion. Il réforma en quelque façon le Gouvernement sur les principes les plus parfaits de la Démocratie, qui avoit toujours été son idée favorite.

Les *Corses*, privés depuis long-tems de toute Justice publique, établie par les loix, s'étoient arrogé le droit de vengeance particulière, & s'assassinoient les uns les autres sous les prétextes les plus frivoles. *Paoli* rencontra de grandes difficultés à leur faire abandonner un ufage, qui, à ce qu'on affure, enlevoit à l'Etat plus de 800. fujets chaque année. Le mal étoit devenu fi violent, qu'il paroiffoit prefque incurable. *Paoli* leur repréfenta avec énergie, & à propos, le funefte préjudice qui en réfultoit pour la caufe de la liberté, dans un tems où ils avoient befoin de fe prêter mutuellement toute l'affiftance dont ils étoient capables. Il joignit, à ces exhortations, l'exercice rigide de la Juftice criminelle : C'eft ainfi qu'il parvint infenfiblement à les convaincre, que la faculté d'infliger les peines afflictives appartenoit au public, & que s'ils ne s'y foumettoient, en embraffant un fyftéme régulier d'Adminiftration, jamais ils ne pourroient réfifter à leurs ennemis, ni former ce qu'on appelle proprement un Etat. Enfin, les mefures qu'il prit furent fi efficaces, que l'on fit une Loi, qui condamne à la mort tous les Affaffins, pour quelque caufe ou prétexte que ce puiffe être.

Les *Corfes* font naturellement humains, mais d'un tempérament très-violent, de même que les *Italiens*, & la plupart des Peuples Méridionaux. C'eft un effet de la chaleur du climat, qui aiguife le fentiment, irrite les paffions, & les porte à des extrémités, fouvent avantageufes, mais quelquefois auffi nuifibles au repos de la Société. *Paoli*, qui connoiffoit à fond le cœur humain, conduifit les *Corfes* à la gloire, en faifant fervir l'impétuofité de leur caractère, aux nobles objets de la liberté, & leur défir de vengeance, à la défenfe de la Patrie. Ses fages arrangemens

pro-

produisirent de si bons effets, qu'en peu d'années le nombre des habitans se trouva être accru de 16000. hommes, nonobstant les pertes fréquentes qu'on avoit essuïées dans la Guerre.

Après avoir établi un système convenable de Gouvernement, & corrigé quelques-uns des principaux abus, *Paoli* entreprit de réformer & de civiliser les mœurs des *Corses*; tâche d'autant plus délicate, qu'élevés dans l'Anarchie, ils s'étoient constamment fait une vertu de leur résistance opiniâtre à toute autorité supérieure. Il eut besoin de beaucoup d'art pour leur apprendre à distinguer une contrainte salutaire, d'avec une oppression tyrannique; d'autant plus qu'il n'étoit point un Monarque, appellé à gouverner une Nation, par le droit de sa naissance. En vain auroit-il voulu employer la force, à l'imitation du Czar *Pierre I.* à l'égard des *Russes*: ce moyen, à la vérité, n'étoit pas compatible avec ses vues de former une Nation libre; mais, quand il en auroit eu le dessein, pouvoit-il jamais l'exécuter, lui qui dépendoit absolument du Peuple qui l'avoit élu, & auquel il étoit responsable de sa conduite? Rien de plus difficile que de réprimer ceux même dont il tenoit son pouvoir; & c'est cependant ce que *Paoli* vint à bout de faire.

Il prépara, par degrés, les *Corses*, à recevoir des Loix, en cultivant leurs esprits, & en les disposant à demander d'eux-mêmes l'établissement de divers règlemens, dont il leur avoit rendu sensibles les grands avantages. Il fonda une Université à *Corte*, & n'épargna ni soins foins ni peines pour avoir, dans chaque Village du Royaume, de bonnes Ecoles deſtinées à l'inſtruction de la jeuneſſe.

Le dernier objet qu'il ſe propoſa fut d'engager ſes Compatriotes à s'appliquer à l'agriculture, au commerce, & à d'autres occupations civiles. La Guerre avoit entièrement ruiné l'induſtrie dans l'Iſle, & inſpiré, aux *Corſes*, un tel mépris pour les Arts pacifiques, qu'ils ne trouvoient rien qui fût digne de leur attention, que les armes & les emplois militaires. Les grands & valeüreux exploits de pluſieurs d'entr'eux enfloient ſi fort leur vanité, qu'ils ſe feroient crus deshonorés à courir toute autre carrière moins glorieuſe. Les Héros ne pouvoient ſe réſoudre à rentrer dans la claſſe obſcure des Païſans. Leur vertu n'étoit point auſſi parfaite que celle des anciens *Romains*, qui venant de recevoir les honneurs du triomphe, retournoient tranquillement à leurs charrues. L'Iſle étoit expoſée à reſter en friche, & la Nation n'auroit plus formé qu'une troupe de Brigands, ſans loix & ſans diſcipline. *Paoli* mit donc tout en œuvre pour arrêter le progrès de ces cauſes deſtructives; & peu à peu les *Corſes* n'eurent plus la même répugnance à ſe livrer au travail & au négoce, du moins pour fournir ſuffiſamment à leurs propres beſoins.

Son Adminiſtration fut telle, à tous égards, que l'union ſuccédant à la diſcorde, le bon ordre à la confuſion, & l'abondance à la diſette, la Nation, qui ne s'étoit jamais vue ſi puiſſante, n'auroit pas tardé, ſans l'intervention de la *France*, de chaſſer entièrement les

Genois

Genois de l'Isle. Les *Corses* résolurent de ne leur plus accorder aucun quartier sur Mer, comme ils l'avoient fait jusqu'alors, par compassion pour les malheureux sujets de la Republique, qu'ils plaignoient d'être obligés de vivre sous sa tyrannie. Mais voyant que leurs ennemis ne cessoient de molester & d'enlever leurs Bâtimens, ils jugerent que l'équité les autorisoit à les traiter de la même manière, en respectant néanmoins le Pavillon des autres Puissances étrangères. A cet effet, ils publiérent un Manifeste en 1760; &, l'année suivante, on en vit paroître un, de la part des *Genois*, qui, allarmés de ces progrès rapides & soutenus, voulurent essayer, si, par de belles paroles, ils ne pourroient point ramener les *Corses* à la soumission & à la paix.

Sur cela, le Conseil-Général ayant été assemblé à *Vescovato*, dans la Piéve de *Casinca*, prit les résolutions les plus vigoureuses, & arrêta entr'autres de ne donner jamais les mains à aucun accommodement avec la Republique, qu'à condition que l'Isle seroit déclarée libre & indépendante. En même tems les *Corses* publiérent un Mémoire, adressé à tous les Souverains de l'*Europe*, dont ils reclamoient l'appui, en vertu des droits de l'humanité, les priant de vouloir, par leur médiation, procurer la paix à une Nation, qui avoit tant fait pour l'amour de la liberté. Il règne, dans ces divers Ecrits, un esprit d'éloquence, de sentiment & de fermeté, qui fait honneur au caractère de ce Peuple.

Mais la Politique de la Cour de *Versailles* n'étoit point favorable à la cause des *Corses*.

La

La *France* avoit été alternativement le fléau & le bouclier des *Genois*, & *Paoli* touchoit au moment de voir sa Patrie affranchie du joug de ces derniers, quand ils firent un Traité avec cette Couronne, qui s'engagea à envoyer, en *Corse*, six Bataillons de ses Troupes, pour tenir garnison dans les Forteresses de l'Isle pendant le terme de quatre années. La nouvelle de ce Traité s'étant répandue dans l'*Europe*, toutes les ames généreuses en furent affligées, parceque chacun se persuadoit que la *France* étoit de nouveau déterminée à porter le fer & le feu en *Corse*, pour détruire les espérances de ces braves Insulaires. Mr. *Rousseau*, écrivant, sur ce sujet, à Mr. de *Leyre* (d), son ami & le mien, à *Parme*, s'exprimoit, avec son énergie ordinaire, en ces termes: ,, Il faut avouer que vos *François* sont ,, un Peuple bien servile, bien vendu à la ,, tyrannie, bien cruel & bien acharné sur ,, les malheureux. S'ils savoient un homme ,, libre à l'autre bout du monde, je crois ,, qu'ils y iroient pour le seul plaisir de l'ex- ,, terminer."

La suite fit voir, néanmoins, que la *France* avoit fait un marché fort avantageux. Elle devoit, aux *Genois*, quelques millions de livres, qu'il ne lui auroit pas été facile de leur rembourser dans l'état où se trouvoient alors ses Finances. Ses Ministres offrirent donc,

---

(d) Mr. de *Leyre* est l'un des Auteurs de l'*Encyclopédie*. Il réunit le savoir & le génie aux qualités les plus aimables du cœur, & aux sentimens les plus nobles.

donc, à la Republique, d'envoyer six Bataillons de Troupes auxiliaires dans l'Isle de *Corse*, en compensation de cette dette. Les *Genois*, qui se rappelloient, avec une cruelle satisfaction, ce que la *France* avoit autrefois fait contre les *Corses*, ne douterent point que si ses Troupes revenoient dans l'Isle, elles n'y eûssent de continuelles escarmouches, qui provoqueroient enfin cette Couronne à faire une sanglante Guerre à ces Peuples, & à les réduire une seconde fois dans l'esclavage. Ainsi la Republique accepta la proposition avec joie. Mais les *François* eurent soin de ne s'engager qu'à rester sur la défensive, & de fixer le Traité à quatre années, pour avoir le tems d'acquitter leur dette. Les Troupes promises arriverent en *Corse* sur la fin de l'année 1764., & le Commandement en Chef en fut donné au Comte de *Marbœuf*, Officier d'expérience, & d'une grande modération, qui eut, sans doute, ordre de ménager les *Corses*. Il devoit borner son attention uniquement à empêcher qu'ils n'eussent quelque supériorité sur les *Genois*, & à garder les Places de *Bastia*, de *San-Fiorenzo*, de *Calvi*, d'*Algagliola* & d'*Ajaccio*.

Les *Corses* se conduisirent, en cette occasion, avec la plus grande prudence. Ils tinrent un Conseil-Général, dont on publia les résolutions sages & modérées. Sans témoigner la moindre défiance aux *François*, & sans leur donner aucun sujet d'ombrage, ils avoient pourvu à leur propre sureté par des arrangemens, qui les mettoient à l'abri de toute surprise. Il y étoit ordonné, qu'on formeroit un Conseil de Guerre, à la nomination du Gouvernement, pour veiller soigneusement à ce qu'il ne fût fait aucune infraction aux réglemens, dont on supposoit être tacitement convenu avec la *France*, qui, d'ailleurs, étoit obligée, par le Droit des Gens, de les observer. Il y étoit encore statué, que les Troupes de cette Couronne n'auroient point la liberté d'entrer sur le territoire des *Corses*; que le Général pourroit accorder des passeports aux Officiers *François*, qui les lui demanderoient, à la charge de rendre compte de leurs motifs; qu'il posteroit des gardes suffisantes le long des frontières; & qu'il seroit indistinctement défendu à qui que ce soit de couper des bois dans les forêts de l'Isle, sans la permission du Gouvernement: article essentiel, qui empêchoit les *François* d'exporter à *Marseille*, & à *Toulon*, une production, dont les *Corses* pouvoient avoir besoin pour leur propre service, ou pour celui de quelque Puissance Maritime, avec laquelle ils contracteroient une Alliance. Enfin, l'on y déclaroit, que la Nation n'entendroit jamais à aucune paix avec la Republique, à moins que celle-ci ne réconnût, avant tout, la liberté & l'indépendance de la *Corse*, suivant les préliminaires arrêtés dans le Conseil-Général de *Casinca*; & l'on autorisoit le Général à faire, au nom de la Nation, de respectueuses remontrances tant à Sa Majesté *Très-Chrétienne*, qu'aux autres Souverains de l'*Europe*, dont il imploreroit la médiation, pour que la Nation fût conservée

vée dans ses droits, libertés, & prérogatives, &c.

Depuis ce tems là les opérations militaires en *Corse* furent suspendues ; mais *Paoli* employa ces précieux momens d'inaction & de tranquillité, tant à se préparer pour de futurs projets de victoire, qu'à perfectionner & affermir la Constitution civile de sa Patrie. Il effectua ce que des siècles n'avoient pu produire, & donna par là un exemple illustre de ce qui a été dit d'*Epaminondas* : „ Qu'un seul homme avoit été plus grand „ que tout un Peuple (*e*)".

(*e*) Unum hominem pluris fuisse quam civitatem. *Corn. Nep. Vit. Epam. in fin.*

CHAPI-

CHAPITRE III.

Etat présent de la Corse, *par rapport au Gouvernement, à la Religion, aux Manufactures, au Commerce, aux Sciences, au Génie, au Caractère, & à la Force de ses Habitans.*

Apres avoir parcouru les révolutions d'une Isle, qui a éprouvé tant de vicissitudes, l'on sera charmé de voir quels ont été les fruits de ces vigoureux efforts en faveur de la liberté ; & c'est ce que j'aurai la satisfaction d'exposer à mes Lecteurs dans cet *Etat présent de la* Corse.

Le Gouvernement de l'Isle est composé de la manière suivante. Chaque *Paese*, ou Village, choisit, à la pluralité des suffrages, un *Podestat*, & deux autres Magistrats, à qui l'on donne le respectable nom de *Padri del Commune*, ou Pères de la Commune. Ils peuvent être continués dans leurs Charges aussi long-tems que la Commune le juge à propos ; mais il faut qu'il y ait une élection nouvelle chaque année.

Le Podestat décide seul des causes, qui n'excèdent pas la valeur de dix livres ; &, réuni aux Pères de la Commune, il juge définitivement celles dont la somme monte jusqu'à trente livres. Le Podestat est le Représentant du Gouvernement, & c'est à lui que tous les ordres du suprême Conseil sont adressés. Les Pères de la Commune ont l'inspection sur l'œconomie & la police du Village ;

ge; ils en convoquent les habitans & déliberent avec eux sur tous les objets qui concernent leurs intérêts communs. D'autres Villages joignent au Podestat & aux Pères de la Commune, douze hommes de probité & de confiance, auxquels ils confèrent le pouvoir de régler les affaires publiques. Ceux-ci, qu'on appelle Conseillers, siégent, comme Assesseurs, avec les trois Magistrats du Village. Les noms de ces Magistrats, dès qu'ils sont élus, doivent être communiqués aux Magistrats de la Province, qui ont le droit de les rejetter, & d'ordonner une nouvelle élection; mais cela n'arrive jamais quand les suffrages du Peuple ont été unanimes. Quelquefois on élit deux Podestats, & seulement un Père de la Commune, & tantôt plus, tantôt moins de Conseillers. Ces irrégularités sont permises, pour condescendre aux caprices de différens Villages, dans un Etat naissant, & elles ne tirent point à conséquence; car le même degré de pouvoir demeure attaché à chaque Office, quoiqu'il soit exercé par plus ou moins de personnes; comme en *Hollande*, où les Villes, qui envoient deux ou trois Représentans, ont voix égale avec celles qui n'en députent qu'un à l'Assemblée des Etats. Dans quelques-unes des principales Villes de la *Corse*, le Podestat n'est point subordonné aux Magistrats Provinciaux, mais il est considéré comme ayant une autorité égale à la leur.

UNE fois l'année tous les habitans de chaque Village s'assemblent, & font choix d'un Procurateur, pour leur Représentant au Conseilseil-Général, ou Parlement de la Nation, qui se tient annuellement au mois de *May*, dans la Ville de *Corte*. Ce Procurateur est élu à la pluralité des voix, & doit être muni d'une Commission certifiée par un Notaire public. A son arrivée à *Corte* il la présente au Grand Chancelier du Royaume, qui l'enrégitre. Chaque Procurateur reçoit, de sa Commune, une livre par jour pour ses dépenses, depuis le jour de son départ jusqu'à celui de son retour. Cette paye est trop modique, & devoit être incessamment augmentée.

Quelquefois les Procurateurs de tous les Villages, compris dans une même Piève, élisent un d'entr'eux pour Représentant de toute la Piève, ce qui épargne quelques fraix aux Villages. Mais c'est-là un abus; car quand il s'agit de délibérer sur des matières d'une certaine importance, le nombre de ceux, qu'il seroit nécessaire de consulter, n'est pas suffisant. On ne devroit pas être retenu par une si modique dépense, pour se procurer l'avantage d'une voix lors qu'il est question de former des loix, & de régler des affaires les plus sérieuses du Païs; car plus le nombre des voix est grand, plus l'Assemblée a de rapport à ce que les *Romains* appelloient *Comitia*.

La *Consulte* générale est assurément une grande & nombreuse Assemblée; car outre les Procurateurs ordinaires, l'on a coutume d'y convoquer plusieurs de ceux qui ont été membres du Conseil suprême auparavant, ainsi que divers autres qui ont perdu leurs Pères ou leurs proches Parens au service de la Patrie,

trie, afin de diftinguer le fang des Héros par des honneurs publics.

Les Magiftrats de chaque Province envoient auffi un Procurateur à la Confulte générale; & lorfque tous les Procurateurs font affemblés à *Corte*, en préfence du Général & du fuprême Confeil d'Etat, l'on recommande, aux Procurateurs de chaque Province, d'élire deux d'entr'eux, qui, conjointement avec le Procurateur de leurs Magiftrats, procédent à l'élection du Préfident & de l'Orateur de la Confulte générale.

Les Procurateurs de chaque Province choififfent donc deux d'entr'eux par voie de fcrutin, lorfque les voix ne font pas unanimes. Ces deux-là, avec le Procurateur des Magiftrats de chaque Province, fe rendent devant le fuprême Confeil, auquel chacun d'eux remet un billet cacheté, contenant le nom de la perfonne, à laquelle il donne fa voix pour être Préfident; ces billets étant ouverts par le fuprême Confeil, les trois, qui ont eu le plus de fuffrages, font mis au fcrutin, & celui qui emporte les deux tiers des voix en fa faveur, eft fait Préfident.

Dans le billet, un Procurateur peut inférer le nom d'un de fes Parens, ou de quelque autre qui lui aura été fortement recommandé; mais au fcrutin, il eft libre de donner fa voix à celui qu'il juge à propos; de forte qu'il arrive fouvent que celui des trois, qui avoit eu le moins de billets, eft déclaré Préfident par une grande majorité; ce qui me paroît être un autre abus; car un Procurateur, en inférant dans le billet le nom d'un fujet

jet qu'il n'approuve pas, court rifque de voir exclure celui qu'il croit le plus digne; outre, qu'il ne doit pas fe laiffer entrainer par des confidérations de parenté ou de recommandation. Les Membres du fuprême Confeil ont auffi leurs voix dans ce fcrutin pour le Préfident. L'Orateur eft élu exactement de la même manière.

Le Préfident gouverne pendant la féance de la Confulte générale. L'Orateur fait lecture des divers mémoires qui doivent être mis en délibération. Les propofitions de la part du Gouvernement font adreffées au Préfident, & celles du Peuple à l'Orateur. Si une propofition du Gouvernement eft approuvée à la pluralité des voix, elle eft immédiatement paffée en loi. Mais une propofition du Peuple, quoique approuvée, peut être fufpendue par le Gouvernement, fans qu'il foit obligé, pour lors, d'en alléguer les raifons, mais il faut abfolument qu'il le faffe à la prochaine Confulte générale.

La queftion, touchant ce pouvoir fufpenfif, a été vivement agitée dans le Parlement *Corfe*; & le Peuple s'y oppofoit fi fortement, qu'on ne croyoit pas qu'il auroit lieu. Mais *Paoli*, toujours prêt à éclairer fes Compatriotes, leur a fait comprendre, que, dans l'état préfent des affaires, le Gouvernement pouvoit avoir plufieurs deffeins, très-avantageux à la Nation, mais point affez mûrs pour être communiqués au public, de forte qu'il étoit très-convenable qu'il eût le privilége de différer, pour un tems, quelque propofition qui entre dans ces mêmes vues; outre que le fuprême

Con-

Conseil, comme grand Procurateur de la Nation, & ayant sa plus intime confiance, doit être spécialement entendu; & s'il juge une proposition importante & critique, l'on peut bien lui permettre de la rejetter jusqu'à ce qu'elle aît été pleinement considérée par tous les sujets de l'Etat, & la chose ne sauroit tirer à aucune conséquence pernicieuse, le Peuple pouvant toujours, dans une occasion ultérieure, passer sa proposition en loi.

Les Procurateurs de chaque Province s'assemblent après cela en présence du Président de la Consulte générale, ou d'un Président député par lui; & chaque Province nomme ses Représentans au suprême Conseil pour l'année suivante; & l'un de ceux là est élu Grand Chancelier. Le suprême Conseil actuel peut faire des représentations contre cette élection; & il faut que l'election de chaque Province soit confirmée par la pluralité des autres Provinces; parceque ces Conseillers, avec le Général du Royaume, doivent former le pouvoir exécutif de la Nation entière; la Consulte générale, ou le pouvoir législatif leur donnant cette commission supérieure.

Le Général est à vie. Il est le Président perpétuel du suprême Conseil des neuf. Il donne son suffrage dans toutes les affaires, & en cas d'égalité, il a voix décisive. Il a le Commandement absolu des Troupes ou de la Milice de l'Isle. Sa Dignité a beaucoup de rapport avec celle du Stadhouder des *Provinces-Unies.*

Les Procurateurs de chaque Province élisent

sent aussi les Magistrats Provinciaux pour l'année suivante. Cette Magistrature est réguliérement composée d'un Président, de deux Conseillers, d'un Auditeur & d'un Chancelier; mais le nombre en varie dans différentes Provinces, de la même manière que la Magistrature dans divers Villages. L'Auditeur & le Chancelier reçoivent de petits appointemens; & les Magistrats ont leur table aux dépens du public, avec une Garde de Soldats qu'il paye. Les Magistrats Provinciaux peuvent juger les Procès criminels; mais aucune sentence portant peine de mort ne sauroit être mise en exécution qu'elle n'aît été auparavant approuvée par le suprême Conseil. Dans les causes civiles ils prononcent définitivement jusqu'à la somme de cinquante livres; dans celles qui vont au-delà les parties peuvent appeller à la *Rote Civile*, Tribunal composé de trois Docteurs en Droit, choisis par le suprême Conseil, & continués à sa volonté. Ce Tribunal juge suivant le Droit Civil & Canon, & les Loix particulières de la *Corse*. Ces dernières ont été formées en partie dans les anciens tems, & depuis augmentées & corrigées par les *Genois*, qui les publièrent sous le titre de *Statuti Civili & Criminali del Isola di Corsica*. Elles sont devenues extrêmement rares. J'en ai un Exemplaire, *in folio*, imprimé à *Bastia*, en 1694. C'est un assez bon petit Code, & qui fait honneur à la Republique. *Felix si sic omnia!* ,, Heureux si elle avoit montré la même ,, équité à tous égards!" Les *Corses* ont aussi quelques Loix modernes. Quoique le jugement

ment, tant des Magistrats des Villages, que de ceux des Provinces, soit définitif jusqu'à la valeur ci-dessus mentionnée, cependant, si quelqu'un se trouve manifestement lèzé, il peut obtenir une revision, en recourant au suprême Conseil, ou à la Cour du *Syndicato*, autre excellente institution, qui est dirigée de la manière suivante.

Dans la Consulte générale, outre les élections dont j'ai fait mention, les Procurateurs choisissent aussi quelques personnes de crédit & de réputation, en qualité de *Syndicatori*. Ceux-ci font une tournée par les différentes Provinces, comme nos Juges en *Angleterre* vont d'un endroit à l'autre, pour entendre les plaintes des habitans contre leurs Magistrats ; & si quelques-uns d'entr'eux ont manqué à leur devoir, ils en sont censurés. Ces Syndics, à la tête desquels le Général se trouve le plus souvent en personne, sont d'une très-grande utilité. Ils épargnent aux pauvres particuliers l'embarras & la dépense d'aller porter leurs griefs à *Corte* devant le suprême Conseil ; ils examinent tous les différends qui surviennent dans les Provinces ; ils accoutument le Peuple à se prêter à la sévérité salutaire des Loix ; ils encouragent l'industrie, favorisent les entreprises avantageuses, & répandent, dans toutes les parties de l'Isle, un esprit d'ordre & de subordination, qui sert à en civiliser les habitans.

Tel est le Gouvernement de la *Corse*, qui forme une Démocratie complette & bien ordonnée. Depuis le Podestat & les Pères de la Commune, jusqu'au suprême Conseil, il y a une progression graduelle de pouvoir, dérivant du Peuple, qui peut le revoquer & en disposer à sa volonté à la fin de chaque année; de façon qu'aucun Magistrat, ou Ministre d'Etat, de quelque rang qu'il puisse être, ne voudra se hazarder, pour un si court espace de tems, d'usurper les droits de ses Constituans, sachant qu'il doit bientôt rendre compte de son administration; & que s'il augmentoit l'autorité de son Emploi, il ne feroit que préparer un joug pour lui-même, puis qu'il va rentrer immédiatement dans la condition d'un sujet ordinaire; & s'il a quelque délicatesse de sentiment, bien loin même de rester dans une lâche indolence, il employera, au contraire, toutes ses facultés pour le bien de sa Patrie, afin de se rendre recommandable à ses Concitoyens, & d'être honoré de marques ultérieures de leur confiance.

La Consulte générale, tenue en 1764., fit, au sujet du Gouvernement, divers règlemens très-sages, dont je vais donner la substance.

,, Nulles propositions faites à la Consul-
,, te générale n'acquéreront force de loi,
,, à moins qu'elles n'ayent été approuvées
,, par les deux tiers des suffrages. Celles
,, qui auront obtenu la moitié des voix, pour-
,, ront être remises une seconde, ou une
,, troisième fois sur le tapis dans la même
,, séance; mais non pas celles qui resteront
,, au dessous de ce nombre, quoiqu'il sera
,, permis, avec le consentement du Gouver-
,, nement, de les faire de nouveau dans quel-
,, que session future.

,, Le

,, LE suprême Conseil d'Etat consistera en
,, neuf Conseillers, six de la Partie de deça,
,, & trois de la Partie de delà les Monts, sa-
,, voir un pour chaque Province. Trois
,, d'entr'eux résideront à *Corte*, pendant les
,, quatre premiers mois; trois pendant le
,, second, & trois pendant le troisième mois:
,, c'est-à-dire, que, durant chacun de ces
,, termes, il y en aura deux en deça & un
,, en delà les Monts; & les trois qui restent
,, à *Corte* auront l'autorité de tous les neuf.
,, Mais il sera permis au Général de convo-
,, quer tous les neuf dans la résidence, lors-
,, qu'il le jugera nécessaire, pour quelque af-
,, faire importante.

,, AUCUN des trois Conseillers d'Etat rési-
,, dens ne s'absentera de *Corte*, pour quel-
,, que cause que ce puisse être, sans en avoir
,, obtenu la permission par écrit du Géné-
,, ral, qui ne la lui accordera cependant que
,, pour huit jours, & sur les motifs les plus
,, urgens. En cas d'absence du Général &
,, des trois Conseillers dans le même tems,
,, toutes procédures judiciaires demeureront
,, suspendues.

,, PERSONNE ne sera élu Conseiller d'Etat
,, avant l'âge de trente-cinq ans accomplis,
,, & s'il n'a rempli dignement la Place de Pré-
,, sident dans une Magistrature Provinciale,
,, ou celle de Podestat dans quelque Ville
,, considérable. Néanmoins un sujet d'un
,, rare mérite, & qui auroit exercé, avec ap-
,, probation, au service de sa Patrie, d'autres
,, Charges de distinction, sans être précisé-
,, ment celles dont on vient de parler, pourra
,, être

,, être élu Conseiller, pourvu qu'il aît l'âge
,, requis par les loix.

,, Nul ne sera nommé à la Charge de
,, Président d'une Magistrature Provinciale,
,, avant l'âge de trente ans accomplis, & s'il
,, n'a point occupé l'Office de Consultant
,, dans la même Magistrature, ou quelque
,, autre Emploi de distinction au service de
,, sa Patrie, & s'il n'a pas la capacité néces-
,, saire à cet effet.

,, La Charge de Podestat, qui, dans les
,, Villes, n'est point subordonnée à la Ma-
,, gistrature Provinciale, sera conférée sui-
,, vant les mêmes règlemens.

,, La Dignité de Général du Royaume
,, venant à vaquer, par cas de mort, de ré-
,, signation, ou de quelque autre manière,
,, toute l'autorité suprême sera alors dévolue
,, aux Conseillers actuels d'Etat, dont le
,, plus ancien présidera au Conseil, qui, dans
,, l'espace d'un mois après la vacance, devra
,, indiquer la tenue d'une Consulte, pour
,, procéder à l'élection d'un nouveau Gé-
,, néral.

,, Les Conseillers d'Etat, les Présidens des
,, Magistratures, & les autres Officiers &
,, Juges conserveront leurs Charges respec-
,, tives, & l'exercice de leur autorité jus-
,, qu'à ce qu'ils soient relevés par leurs légi-
,, times successeurs.

,, Les Conseillers d'Etat, les Présidens des
,, Magistratures Provinciales, & les Pode-
,, stats des principales Villes, ne seront point
,, ré-élus pour la même Charge, qu'après
,, avoir été deux ans hors d'emploi, & sur
,, des

„ des Lettres de créance des Syndics suprê-
„ mes, portant témoignage de leur bonne
„ conduite dans les Charges qu'ils ont exer-
„ cées".

Paoli a réussi d'une manière admirable à fixer les prétensions des Seigneurs féodaux, qui préfentoient requête fur requête au Gouvernement pour demander d'être rétablis dans leurs anciens droits. C'étoit-là une queftion fort délicate. Leur accorder les amples privilèges, dont ils avoient joui autrefois, eût été ériger, dans l'Ifle, des Principautés indépendantes, & renverfer le fyftême de liberté que *Paoli* avoit formé pour la félicité permanente de l'Etat. Ces Seigneurs s'étoient peu diftingués dans la glorieufe Guerre de la Nation. Ils avoient trop à rifquer, & la crainte de voir leurs domaines confifqués, les empêchoit de prendre les armes contre la Republique. Les Païfans, au contraire, s'étoient précipités tout-à-coup dans le danger. Ceux-ci n'avoient rien à perdre que leurs vies, & une vie dans l'efclavage n'eft d'aucun prix. S'ils avoient du fuccès, ils pouvoient efpérer d'être délivrés tout à la fois de la tyrannie étrangère des *Genois*, & de l'oppreffion intérieure des Seigneurs féodaux, qui étoient devenus fi infupportables, qu'un *Corfe* fort fenfé m'a avoué, que fi la Republique eût abandonné fes prétenfions fur l'Ifle, les Païfans fe feroient foulevés contre leurs propres Seigneurs, bien loin de vouloir confentir à fe remettre fous le pouvoir arbitraire, dont ils s'étoient affranchis par leur bravoure. Leur propofer un tel parti, c'étoit exciter

ter une revolte, diviſer de nouveau la Nation en deux grandes factions, & fournir à ſes ennemis l'occaſion de fomenter, plus que jamais, la diſcorde, les animoſités & les aſſaſſinats. Les *Corſes* auroient ainſi opéré leur propre ruine; ce que toutes les ruſes & les forces des *Genois* n'avoient pu produire. D'un autre côté, il ne falloit pas offenſer les Seigneurs au point d'en faire des Mécontens, & de déranger par là les opérations du Gouvernement. La deviſe des ſages *Hollandois*, Frangimur si collidimur, ,, Nous ,, nous briſons, ſi nous nous heurtons;" devroit être profondément imprimée dans l'eſprit des divers Ordres de chaque Nation, mais elle eſt d'une double importance dans un Etat naiſſant, dont les commencemens ſont toujours foibles & précaires.

Pénétré de ces conſidérations, *Paoli* ſçut les rendre ſi ſenſibles à ſa Nation, qu'il obtint, en faveur des Seigneurs, qu'ils ne ſeroient point traduits perſonnellement devant les Magiſtrats des Provinces, où leurs Juriſdictions reſpectives ſont ſituées; & qu'ils auroient le pouvoir de décider les procès entre les Païſans de leurs Fiefs, ſans être reſponſables de leurs ſentences aux Magiſtrats Provinciaux; mais qu'ils ſeroient ſujets à la reviſion du ſuprême Conſeil, & de la Cour du Syndicat. De cette façon les Seigneurs ont la flatteuſe diſtinction d'un certain degré d'autorité, pendant qu'ils rempliſſent effectivement les fonctions réunies de Pères de la Commune, de Podeſtats & de Magiſtrats Provinciaux; comme ils ſont, de même me que ceux-ci, fubordonnés à des Tribunaux fupérieurs, ils ne fauroient abufer de leur pouvoir; & l'Etat, en leur accordant une prééminence fur les autres Nobles, fe procure, fans fraix, un plus grand nombre de Juges, qui contribuent à civilifer les mœurs d'un Peuple groffier & ruftique.

C'est ainfi qu'à la faveur des tumultes d'une Guerre opiniâtre, & des prudentes difpofitions d'un habile Légiflateur, l'on eft parvenu à modérer en *Corfe*, & même à rendre utiles à l'Etat, les Jurifdictions féodales héréditaires, dont le fyftéme, apporté par de puiffans Barbares du *Nord*, avoit pris de fi fortes racines, dans la plûpart des Contrées de l'*Europe*, qu'il a fallu la plus grande violence pour le détruire. Quand le Gouvernement aura acquis une plus grande maturité, & que le tems aura rallenti l'ardeur de commander, les Seigneurs fe trouveront mieux difpofés à réfigner une diftinction, qui, au fond, leur eft plutôt à charge qu'avantageufe. Voilà comment les *Corfes* ont fucceffivement établi leur Gouvernement; & l'on ne doit point douter qu'ils ne foient en état de le pouffer encore à un plus haut degré de perfection, quoique, tel qu'il eft actuellement, l'on puiffe le regarder comme le meilleur modèle qui ait jamais exifté dans la forme démocratique.

Sparte étoit, il eft vrai, d'une conftitution très-forte : mais, fans faire tort à la mémoire de l'immortel *Lycurgue*, *Sparte* manquoit de politeffe, & même d'humanité. Cette totale inverfion des inclinations naturelles, cette extinction de tout fentiment délicat,

étoit

étoit une situation si forcée, & si vuide d'a-grémens, qu'elle ne doit pas être enviée. L'étonnante influence du Législateur est assurément digne d'admiration; mais on nous permettra de remarquer, que tout ce qu'il en obtint fut uniquement la conservation d'un Etat, & cette conservation n'est rien sans la félicité. Mr. *Jacques Steuart* pense, que, „ si les *Lacédémoniens* fussent restés at-„ tachés aux principes de leur Gouverne-„ ment, & à l'esprit de leur Constitution, „ ils auroient pû se maintenir jusqu'à ce „ jour (*e*) ". Je veux bien le croire. Mais si *Lycurgue* avoit pû métamorphoser ses *Spartiates* en statues de marbre, ils auroient subsisté encore plus long-tems.

Dans la Constitution de la *Corse* l'on a réuni les mesures également propres à consolider l'Etat, & à faire jouïr ses individus de toutes les douceurs de la vie. Ils sont Hommes, aussi bien que Citoyens; & lors qu'une fois ils auront entièrement secoué le joug des *Genois*, je ne saurois imaginer de Contrée plus fortunée que leur Isle. Animé par cette riante perspective, *Paoli* domine sur les cœurs de ses Compatriotes, & l'affection qu'ils lui portent est telle, que quoique le pouvoir de Général soit limité, le sien ne connoit point de bornes. C'est un crime de haute trahison que de lui résister ou de le calomnier. Il exerce ainsi, contre les principes

---

(*e*) *Inquiry into the Principles of Political Oeconomy.* C. à d. „ Recherches sur les Principes de l'Oeco-„ nomie Politique ": *Liv.* II. *Chap.* 14.

cipes de Mr. de *Montesquieu*, une espèce de despotisme fondé sur l'amour des Peuples.

Je vais terminer ce tableau du Gouvernement de l'Isle par une anecdote très-remarquable. Un Officier *Corse*, qui avoit servi en *France* & obtenu la Croix de *St. Louis*, de retour dans sa Patrie, s'étant rendu suspect de quelques desseins pernicieux à la liberté publique, & même d'un attentat contre la vie du Général, fut arrêté, mais bientôt relâché à la prière du Général *François*, qui commandoit dans l'Isle. Peu de tems après, ayant encore eu part à d'autres complots de trahison, il fut saisi & envoyé en prison une seconde fois. Le Commandant *François* le reclama de nouveau, & sur le refus qu'on fit de le remettre en liberté, il voulut savoir ce que *Paoli* feroit du prisonnier: „ Monsieur (lui répondit le Général *Corse*) „ je vais vous le dire. Dès que je serai „ parvenu à rendre la liberté à ma Patrie, „ & que j'aurai affermi cet établissement sur „ les bases que je crois les plus propres à „ cet effet, je convoquerai alors les Etats „ de l'Isle & leur produirai l'homme. Là, „ en présence de la Nation assemblée, je lui „ montrerai cette liberté, cette forme de „ Gouvernement, cette félicité, qu'il avoit „ voulu détruire; après quoi je le bannirai „ à perpétuité de l'Isle ". Telle est la façon de penser de cet illustre Chef.

La Religion des *Corses* est la *Catholique Romaine*, pour laquelle ils ont un zèle qui va jusqu'à la superstition, le meilleur des extrêmes. Aucune Nation ne peut prospérer sans la Piété, qui eſt la ſource de toutes les grandes vertus publiques. Le dogme d'une Providence, qui gouverne toutes choſes, & celui d'un état futur de récompenſes & de peines, rendirent les *Romains* vertueux & grands; mais à meſure que la fauſſe Philoſophie d'*Epicure* s'introduiſit chez ces Peuples, leur mâle patriotiſme fit place au lâche intérêt particulier, qui occaſionna bientôt leur ruine.

Quoique fermement attachés à leur Religion, comme à la révélation émanée de Dieu, les *Corſes* conſervent, dans les matières eccléſiaſtiques, ce même eſprit de fermeté & d'indépendance, qui les diſtingue dans les affaires civiles. Ils ſont ennemis jurés du pouvoir temporel de l'Egliſe, & les derniers démêlés violens, que le Gouvernement national a eus avec les Evêques, ont auſſi beaucoup contribué à diminuer leurs préjugés à l'égard du Clergé.

Les Evêques *Corſes*, qui ſont au nombre de cinq, & ſuffragans de l'Archevêque de *Piſe*, étoient entiérement dévoués à la République de *Gènes*, dont ils dépendent pour la promotion aux benefices. Ils débitoient hautement les maximes les plus ſerviles de la ſoumiſſion, & traitoient les Patriotes de Rebelles. Le Gouvernement vouloit qu'ils vinſſent réſider dans les Territoires de la Nation, & leur promettoit une garde pour les défendre contre toute inſulte. Mais les Prélats le refuſerent, ſachant bien qu'il ne leur ſeroit pas permis d'y prêcher la tyrannie. Sur celà le Gouvernement défendit aux

Patriotes toute communication avec les Evêques; à quoi les premiers se conformerent très-volontiers.

Le Pape, chagrin de voir les *Corses* comme des brebis errantes sans Pasteurs, résolut de leur envoyer un Vicaire Apostolique, pour officier à la place des Evêques.

Les *Genois*, regardant cette démarche, en quelque façon, comme un acte de partialité en faveur des Mécontens, adresserent au Pape un long Mémoire, où ils représentoient;
,, Qu'ils étoient persuadés de la droiture des
,, intentions de Sa Sainteté, & qu'ils se-
,, roient aussi toujours prêts à montrer leur
,, dévouement inviolable au *St. Siège*; mais
,, qu'ils prenoient la liberté de lui donner à
,, considérer, que tel remède qu'il voudroit
,, apporter aux maux spirituels de la *Corse*,
,, ne pourroit être efficace, sans la concur-
,, rence de la Republique ".

Les *Corses*, charmés de recevoir un tel secours de la part de l'Eglise, se moquoient de ces belles & artificieuses remontrances. Ils comparoient le Mémoire *Genois* à la statue de *Nabuchodonosor*, qui avoit la tête d'or, & les pieds d'argile. Il commence, disoient-ils, par un compliment, & finit par des menaces.

La Cour de *Naples* jugea à propos d'intervenir, dans cette affaire, en faveur de la Republique. Le Cardinal *Orsini*, Ministre de cette Cour auprès de celle de *Rome*, y remit aussi un Mémoire, contenant de fortes représentations; & certain Docteur *Genois*, violent Radoteur, publia un très-long *Discorso Theologico-Canonico-Politico*, rempli de citations d'autorités fans nombre, qu'il crut vraifemblement être un Ecrit victorieux. Mais le Pape perfifta dans fa réfolution, & envoya *Monfignore Cefare Crefcenzio de Angelis*, Evêque de *Segni*, en qualité de Vifiteur Apoftolique par toute l'Ifle.

LES *Corfes* accepterent fa miffion avec la plus vive joie. M. *Barbaggi*, qui eft marié à une Nièce de *Paoli*, le félicita fur fon arrivée dans l'Ifle, par une harangue très-éloquente. Ce Prélat devoit non-feulement remplir les fonctions des Evêques, mais encore être Général de tous les Religieux en *Corfe*, avec le pouvoir de fe donner un Vicaire Provincial. Sa piété, fon intelligence & fes manières prévenantes lui gagnerent l'affection & le refpect de tous les habitans.

LES *Genois*, las de diffimuler, leverent enfin le mafque. Ils publierent un Manifefte, par lequel ils défendoient à tous leurs fujets en *Corfe*, fous les peines les plus rigoureufes, d'obéïr aux ordres du Vifiteur Apostolique, & promettoient fix mille Ecus *Romains* à quiconque l'ameneroit prifonnier dans l'une de leurs Forterefles.

LE Pape annulla fort gravement & avec beaucoup de folemnité, cet Edit audacieux, qui, dans les fiècles paffés, auroit donné lieu à une cérémonie bien plus effrayante. Le Gouvernement de *Corfe*, de fon côté, témoigna publiquement fon indignation au fujet de la témérité fcandaleufe de la Republique de *Genès*, ,, qui, (difoit-il) avoit ,, rendu un Edit non feulement outrageant le ,, refpect dû au *St. Siège*, mais encore atten-
,, tatoire

„ tatoire aux droits & libertés de ce Royau-
„ me, qui ne reconnoiſſoit plus ſa ſouve-
„ raineté; déclarant cet Edit deſtructif de
„ la Religion & de l'autorité Apoſtolique;
„ offenſif à la Majeſté du Vicaire de *Jeſus-*
„ *Chriſt*; ſéditieux, contraire à la ſureté & à
„ la tranquillité de l'Etat, & tendant à cor-
„ rompre ſes Loix & ſes bonnes Coutumes;
„ le condamnant à être publiquement lacéré
„ & brûlé par la main du Bourreau, afin de
„ prévenir, dans la ſuite, l'introduction de
„ tels Mémoires indignes de la part des
„ *Genois* ". Cette ſentence fut exécutée, au
bruit du tambour, ſous la potence, dreſſée
à l'endroit où étoit autrefois ſituée la maiſon de l'Aſſaſſin de *Gaffori*, dans la Ville de
Corte. C'étoit-là une démarche bien politique de la part des *Corſes*, qui ſe faiſoient un
mérite auprès du Pape, en montrant une
fermeté admirable, & en couvrant d'oppro-
bre leurs ennemis.

Après s'être ainſi délivrés de leurs tyran-
niques Evêques, les *Corſes*, jugeant fort ſa-
gement, que puiſque ces Prélats refuſoient
de venir réſider parmi eux & de s'acquitter
des devoirs de leurs Charges, il n'étoit pas
juſte de leur envoyer des ſommes conſidéra-
bles pour les mettre en état de vivre dans
l'oiſiveté & dans le luxe, tandis que ces
deniers pouvoient être bien mieux employés; ils réſolurent d'appliquer les décimes des Evêques au profit de la Chambre
publique de l'Etat; ce qui occaſionna un va-
carme affreux de la part des intéreſſés; mais

les *Corſes* juſtifierent leur conduite avec beaucoup de force & d'eſprit.

„ Les *Genois* (diſoient-ils) nous accuſent à tort d'avoir uſurpé les décimes, & ſaiſi les biens des Evêques. Il eſt vrai que le Gouvernement en a pris une portion, & cela en premier lieu, parceque nous ſommes dans la néceſſité de le faire, ce qui eſt un droit ſupérieur à tout autre. Notre ſituation eſt telle, qu'il n'y a point de milieu, entre la liberté & l'eſclavage le plus horrible. Pour éviter de tomber dans l'eſclavage, la Guerre eſt néceſſaire ; pour ſoutenir la Guerre, les Troupes ſont néceſſaires. Mais comme, pour les payer, les taxes ſur les Séculiers ne ſuffiſoient pas, il fut arrêté, dans une Conſulte, de lever un ſubſide ſur les Eccléſiaſtiques, à l'exemple de St. *Pierre* & de tous les Princes. En vain nous objecte-t'on que les Princes n'entretiennent point d'Armée de Rebelles: Une Armée qui défend la liberté, la vie, l'honneur & la Patrie, contre la plus inique de toutes les oppreſſions, eſt plus ſacrée, plus vénérable & plus pieuſe que celle d'une Croiſade. En ſecond lieu, parceque *Benoit* XI. accorda les décimes, pour trois ans, à *Jaques*, Roi d'*Arragon*, afin de le mettre en état de chaſſer les *Genois* de ce Royaume. Or ſi le cas eſt le même, ſi la néceſſité ſe trouve encore plus grande, & ſi les circonſtances ſont plus urgentes, pourquoi ce qui fut concédé alors ne ſeroit-il pas aujourd'hui permis?

„ En

,, En troisième lieu, parceque personne n'est
,, plus obligé de contribuer aux dépenses de
,, cette Guerre, que nos Evêques, comme
,, les seuls qui en ont jusqu'ici retiré du pro-
,, fit, ayant obtenu la Mître sacrée, qu'ils
,, n'auroient point obtenue en mille années
,, de Paix. Quoi! les Seculiers ont versé
,, un fleuve de sang, pour leur procurer un
,, si beau capital, & ces Ecclésiastiques ne
,, devront-ils pas céder une partie des reve-
,, nus dont ils jouïssent, pour conserver aux
,, Patriotes les avantages qu'ils ont gagnés,
,, & les aider à en remporter de plus grands
,, encore? En quatrième lieu, parceque nos
,, Evêques, au lieu d'agir comme des Pa-
,, steurs & des Pères, se sont comportés
,, comme des Ennemis. Ils ont déserté leurs
,, Diocèses & se sont retirés auprès de nos
,, Tyrans. Ils leur ont prêté de grandes
,, sommes d'argent pour faire la Guerre; ils
,, les ont même secourus, d'une manière hor-
,, rible, par leurs armes spirituelles, & se
,, sont obstinés à ne point vouloir retourner
,, à leurs troupeaux. Notre Gouvernement,
,, pour les y obliger, s'est servi du même re-
,, mède qu'employa *Absalom* pour ramener
,, *Joab* à son devoir. S'ils sont plus opiniâ-
,, tres que ne l'étoit *Joab*, qui les plaindra?
,, qui blâmera la conduite de notre Gouver-
,, nement? Pour conclusion, les décimes de
,, ceux qui ne résident pas, qui ne servent
,, point l'Autel, mais plutôt qui le trahis-
,, sent, sont dévolus aux pauvres. Or qu'y
,, a-t'il de plus pauvre que nos Troupes,
,, & que nos Finances?"

Les décimes, en *Corse*, se montent, en général, à un vingtième de chaque production. Le Gouvernement en a actuellement une assez bonne partie ; puisqu'il perçoit non-seulement les revenus des Evêques, mais aussi ceux des Bénéfices, qui ne sont point à charge d'ames, & toutes les Pensions que le Pape avoit coutume d'accorder à des Ecclésiastiques étrangers, sur de riches Bénéfices. Quand les affaires de l'Isle seront une fois règlées, il n'est pas douteux que le Gouvernement ne restitue les rentes des Evêques ; mais on s'addressera au Pape, pour demander que le nombre de ces Prélats soit augmenté, afin que leurs fonctions puissent être mieux remplies, & qu'il y aît plus d'égalité entr'eux ; car les Evêques, étant en possession de leurs gros revenus, seroient comme des Princes dans l'Isle.

Plusieurs des habitans de la *Corse* ont composé avec l'Eglise pour leurs décimes ; & les descendans des *Caporali*, qui furent d'un si grand service à *Hugo Colonna*, dans l'expulsion des *Sarrasins*, sont exemts de payer ces droits, par un privilège particulier, qu'on suppose leur avoir été anciennement accordé par le Pape, pour la cause duquel ils avoient témoigné tant de zèle.

Le Clergé de *Corse*, en général, n'est pas, jusqu'à présent, fort savant ; la Politique barbare des *Genois* à tenir ce Peuple dans l'ignorance, & une longue suite d'années de confusion & de guerre, ont empêché la culture des Lettres. Cependant il y a encore quelques Prêtres, qui ont reçu leur éducation sur le

Con-

Continent, & qui font très bien inftruits. Ils fe diftinguent tous par leur piété, & par la régularité de leurs mœurs.

Il y a, en *Corfe*, 65 Couvens de Moines Mendians, dont 34 d'Obfervantins, 14 de Reformes de l'Ordre de St. *François*, & 17 de Capucins. Chacun de ces Couvens a feulement un Bois, un Jardin & un petit Vignoble. Ils dépendent tous de la charité du Peuple. On y trouve encore 2 Collèges de Jéfuites, 2 Couvens de Dominicains, 5 de Servites & 1 de Miffionnaires, qui ont tous des poffeffions confidérables. Il y a auffi quelques territoires appartenant à d'autres Ordres, & en particulier aux Chartreux de *Pife*. C'eft la vie fainte & auftère de tous ces Religieux, qui leur affure la vénération d'un chacun, & garantit leurs droits, même dans les tems de la plus grande confufion.

On fera furpris que dans un Païs, qui renferme tant de Couvens d'hommes, il n'y en aît pas un feul de filles. C'eft encore un effet de la Politique barbare des *Genois*, qui ont encouragé les premiers, & défendu les derniers, pour diminuër la population, empécher les aînés des Familles Nobles de s'aggrandir, & leur laiffer, fur les bras, nombre de femmes, non mariées, qui en font le fardeau le plus onéreux, comme l'expérience le prouve fuffifamment dans les Etats *Proteftans* (*f*). On peut fe promettre, des foins
&

(*f*) Touchant le véritable but de l'Inftitution Monaftique, voyez ce qu'en dit le fage Auteur de la Feuille périodique, intitulée *the Rambler*, No. 110.

& de l'attention de *Paoli* pour le bien de fa Patrie. qu'il travaillera à réduire peu à peu cette multitude de Couvens, par de bons règlemens, qui préviendront les fréquens Noviciats, fur-tout des perfonnes trop jeunes.

Le Clergé *Corfe*, & en particulier les Moines, fe font vivement intéreffés pour les Patriotes. Le Père *Leonardo*, Francifcain, & l'un des Profeffeurs de l'Univerfité de *Corte*, a publié un petit Traité, intitulé *Discorfo Sacro-Civile*, où il enfeigne; ,, que ,, ceux qui font morts dans la Guerre pour ,, la défenfe de leur Patrie, doivent être ,, regardés comme des Martyrs ". Ce Difcours eut un très-grand effet. Nous favons quelle force d'efprit la même doctrine a donné aux *Turcs* & aux *Ruffes*. Auffi *Ciceron* tenoit-il le Patriotifme pour une vertu, qui mérite la *félicité éternelle* (g).

La principale force de la *Corfe* confifte dans une Milice hardie & intrépide. Dès qu'un jeune-homme eft en état de porter le moufquet, on le lui met à la main, & l'exercice continuel de cette arme à feu, parmi les habitans, en fait d'excellens tireurs, qui font fûrs de toucher au but le plus petit, à une très-grande diftance.

Il y a, dans chaque Village, un Capitaine d'Armes; &, dans chaque Piève, un Commiffaire d'Armes, qui a le commandement fur tous les Capitaines d'Armes de fon Diftrict. Ces Officiers font choifis par le Général

(g) *Cic. Somn. Scip.*

ral fous l'approbation du Peuple. Ils font toujours prets à recevoir fes ordres, & à faire marcher tel nombre d'hommes qu'il requiert pour le fervice public, en quelle occafion que ce puiffe être.

Il n'y a en *Corfe* que 500 Soldats, qui foient à la paye; 300 pour la garde du Général, & le refte pour celle des Magiftrats des différentes Provinces, ainfi que pour garnir quelques petits Forts en certains endroits de l'Ifle.

Une Milice eft, fans contredit, la véritable force d'une Nation libre. *Rome* n'eut point de Troupes à fa folde jufqu'à l'an 347. depuis fa fondation; elles furent alors introduites par les Patriciens, pour s'infinuer dans les bonnes graces du Peuple, en un tems, où le Sénat étoit embarraffé par la grande influence des Tribuns (*h*).

Paoli imagina un moyen fingulier & excellent pour relever la bravoure de fes Concitoyens. Il écrivit une Lettre circulaire aux Curés de chaque Paroiffe de l'Ifle, auxquels il demandoit une lifte de tous les habitans qui avoient perdu la vie dans la défenfe de leur Patrie. La Lettre étoit conçue en ces termes (*i*).

PAS-

───────────

(*h*) *Tit. Liv. Lib. IV. Cap.* 59.

(*i*) PASQUALE de' PAOLI;
Generale del Regno di Corsica.

MOLTO REVERENDO SIGNOR RETTORE,

„ Per rendere al publico nota, la virtù e la pietà di „ colo-

RELATION DE PASCAL PAOLI,

Général du Royaume de CORSE.

TRES REVEREND PERE,

,, D ANS la vue de faire connoître au
,, public la bravoure & la piété de
,, ceux qui ont répandu leur sang pour la
,, défense des droits & de la liberté de no-
,, tre Patrie, comme aussi afin de distinguer
,, leur mérite, & d'en faire éprouver la be-
,, nigne influence à leurs familles ; nous
,, avons résolu d'en former un Catalogue
,, exact & complet, qui sera imprimé, &
,, qui pourra encore servir à l'histoire de la
,, Nation. Comme vous êtes, T. R. P.,
,, mieux au fait que tout autre de ce qui re-
,, garde votre propre Paroisse, nous nous at-
,, tendons que vous prendrez volontiers la
,, peine de nous aider dans ce dessein, &
,, d'en-

,, coloro, che hanno sparso il sangue per difendere i
,, diritti e la libertà della patria, e per contradistingue-
,, re il loro merito, e farne provare la benigna influen-
,, za alle loro famiglie, abbiamo stabilito farne un
,, esatto e compito catalogo, da darsi alle stampe, quale
,, siccome potrà giovare ancora alla storia della nazio-
,, ne. Ella come rettore dovendo più d'ogni altro esse-
,, re al fatto delle cose della sua parrocchia, si prenderà
,, volentieri l'incommodo di coadiuvarci in questo di-
,, segno, e sarà contenta informandosi dai più vecchi
,, assennati del paese, segnarci i nomi e la famiglia di
,, coloro che vi sono morti, o restati feriti in servizio
,, della patria, dal 1729. a questa parte, notando colla
,, maggior precisione il luogo, il mese e'l anno &c.

,, d'engager les plus vieux & les plus judi-
,, cieux habitans du Village, à vous infor-
,, mer des noms & des familles de ceux qui
,, ont été tués ou blessés au service de la
,, Patrie, depuis 1729 jusqu'à préfent, en
,, marquant avec la plus grande précifion le
,, lieu, le mois & l'année, &c.".

Les Curés ont été fort exacts à fatisfaire aux intentions du Général, dont l'exemple mériteroit d'être fuivi par toutes les Nations. En effet, rien n'eft plus propre à réveiller & à foutenir l'ardeur du Militaire, que l'efpérance de revivre en quelque façon dans l'Hiftoire, & de transmettre en même tems, à fa famille, un droit fondé à la reconnoiffance de l'Etat. J'ai fouvent admiré ce que peut l'amour de la gloire fur nos fimples Soldats *Anglois*, tandis que leur réputation meurt ordinairement avec eux.

Les *Corfes*, occupés jufqu'ici d'une efpèce de Guerre irrégulière & défenfive, n'ont pas eu l'occafion de fe former à l'Art Militaire; mais à préfent qu'ils font fur le point de triompher de leurs ennemis, il fera néceffaire de les affujettir à un certain degré de difcipline.

Les Armes des *Corfes* font le fufil, le piftolet, & le poignard ou ftilet. Ils ont autour du corps un ceinturon, auquel eft attachée une cartouche pour leurs munitions; ils y fourrent auffi leur ftilet; du côté gauche de ce ceinturon ils pendent le piftolet, & portent le fufil en écharpe fur l'épaule. Ils font habillés d'une courte cafaque ou vefte d'une très-groffe étoffe brune, qui fe fabrique dans l'Ifle,

d'une

d'une camisolle & des culottes de même, ou bien de drap de *France* ou d'*Italie*, principalement d'écarlate, enfin de guêtres de cuir noir, & d'un bonnet d'étoffe noire, doublé de frife rouge, & orné, fur le front, d'un morceau de quelque autre étoffe plus fine, fort proprement coufu. Ce bonnet, très-antique, eft particulier aux *Corfes*: ils le retrouffent des deux côtés, & quand on l'abaiffe, il reffemble parfaitement à un cafque, de l'efpèce de ceux qu'on voit fur la Colomne de *Trajan*. Cet ajuftement, qui leur donne un air actif & martial, eft très-propre pour traverfer les bois & les montagnes.

Les Soldats n'ont point d'uniforme; & les *Corfes* ne fe fervent ni de Tambours, ni de Trompettes, ni de Fifres, ni d'aucun Inftrument de Mufique guerrière, à l'exception d'une groffe conque marine, percée au bout, & dont ils font un bruit affez fort pour être entendu à une grande diftance. L'ufage de la conque conviendroit mieux à la Mer (*k*). A mefure que ces Peuples fe perfection-

(*l*) *Virgile* repréfente *Triton*;
„ coerula concha
„ Exterrens freta".
ÆNEID. *Lib*. X. *l*. 209.
Le Colonel *Montgomery* m'a affuré qu'on l'emploie en *Amerique*, fur-tout dans la *Caroline*. Le ton n'en eft pas éclatant, mais plutôt fourd, comme celui d'une groffe corne. Il approche cependant de celui du *Lituus* des *Romains*. Le Chevalier *John Cuninghame* de *Caprinton* m'a montré un *Lituus* qu'il poffède, & dont il eft fait mention dans l'Atlas de *Blaeu*, p 71. Province de *Aire*.) On le trouva en creufant dans un ancien Champ de Bataille à *Coilsfield in Ayrfhire*, & les Barons

fectionnent dans les Arts, il n'est pas douteux qu'ils n'adoptent aussi une simphonie militaire, dont les effets prodigieux ont été réconnus par les Anciens (*l*), comme ils le sont par les Modernes.

Les *Corses* fabriquent un bon nombre de fusils & de pistolets, dont la plupart sont d'un travail exquis. Ils font aussi beaucoup de poudre à Canon; mais ils n'ont point encore de Fonderie pour l'Artillerie. Leurs Canons sont des captures faites sur leurs ennemis; quelques-uns ont été achetés chez l'étranger, & d'autres retirés des débris de Vaisseaux péris dans leurs Mers. Jusqu'ici ils ne font pas non plus des boulets; ils les apportent du Continent, ou ils les prennent sur les *Genois*, aux dépens desquels ils ont continué la Guerre. Un *Corse* me dit, qu'ils n'employoient pas un grand nombre de boulets; car, ajouta-t'il, le *Corse* ne tire point s'il n'est sûr de son coup.

La Nature a certainement destiné ces Peuples pour être puissans par Mer, en leur accordant un si grand nombre de bons Ports, & une abondance d'excellent bois; mais ils n'entendent guères encore la construction des Vaisseaux, & ils ne sont pas assez riches pour se procurer d'habiles Ouvriers. Cependant ils ont quantité de petits Bâtimens, dont quelques-uns sont d'un port raisonnable; & leurs affaires maritimes sont con-

rons de *Caprinton* du vieux tems s'en servoient pour assembler leurs Vassaux.

(*l*) Voyez *Polybe*.

conduites, avec beaucoup de prudence & de courage, par le Comte *Perès*, qu'on peut regarder comme le Grand Amiral de la *Corse*.

On a déja vû combien l'Isle est naturellement riche en diverses productions; de sorte qu'il n'est pas douteux qu'elle ne puisse faire un Commerce fort étendu, en huile, vin, miel, cire, sel, châtaignes, soie, raisin, bouis, chênes, pins, porphire, marbre de différentes espèces, plomb, fer, cuivre, argent & corail. Ce Commerce ne fait à présent que commencer à fleurir parmi les habitans. Ils trouvent dans leurs Mers une quantité très-considérable de corail, & des trois sortes, rouge, blanc & noir. Les *Juifs* de *Livourne*, qui y ont établi une Manufacture de corail, jouissent d'une espèce de privilège exclusif, que leur accordent les *Corses* pour ce trafic; &, en revanche, ils sont d'un très-grand service à la Nation, en lui avançant de l'argent, & lui fournissant des Canons.

Les *Corses* peuvent faire une abondance de vins délicieux, leurs raisins étant excellens. Le *Capo Corso* produit deux sortes de très-bons vins blancs, dont l'une approche beaucoup du *Malaga*. On en exporte annuellement une partie en *Allemagne*, où il se vend comme tel, & l'on en envoie aussi de *Livourne* en *Angleterre*, où il passe également pour un produit de l'*Espagne*. L'autre sorte tire un peu sur le *Frontignac*. A *Furiani* (m) l'on
fait

(m) Cet endroit est fameux dans les Annales de la
Corse,

fait encore un vin blanc, qui reſſemble fort à celui de *Syracuſe*, & qui eſt même préférable, n'etant pas tout-à-fait ſi mielleux. Dans quelques Villages l'on a un vin blanc, qui, par ſa douceur & ſon feu, égale à-peu près le *Tokay*; & celui de *Veſcovato* & de *Campoloro* vaut preſque le *Bourgogne*; enfin, par toute l'Iſle, on trouve tant de différentes ſortes de vins, qu'on eſt ſurpris comment en une ſi petite étendue de Païs, quelquefois même en un ſeul Vignoble, il puiſſe y avoir une ſi grande variété dans le goût des vins. Le jus du raiſin de *Corſe* eſt naturellement ſi délicat, que quoique le vin ſoit mal travaillé, il plaira toujours. Je crois qu'on pourroit y faire une bonne eſpèce de vin mixte, entre le *Clairet* & le *Bourgogne*, qui feroit fort propre pour l'*Angleterre*. Mais les *Corſes* ont été ſi haraſſés, depuis un grand nombre d'années, qu'ils n'ont pas eu le loiſir de s'appliquer aux Arts & aux Manufactures. Cependant je puis aſſurer, que l'exportation de l'huile s'eſt montée en une année à 2,500,000. Livres de *France*, & celle des châtaignes à 100,000 écus de la même monnoie.

On peut s'attendre à voir les *Corſes* ſe diſtinguer comme une Nation commerçante. C'eſt le fort de preſque tous les Gouvernemens Republicains, témoin *Tyr*, *Sidon* & *Carthagène* dans les anciens tems; *Veniſe*, *Gènes*, *Lucques*, & les *Provinces-Unies* dans les tems modernes. On peut conſulter à ce ſujet

Corſe, par un ſiège fort opiniâtre, où 500. *Genois* furent repouſſés & défaits par 300. *Corſes*.

sujet l'Ouvrage du célèbre *Jean de Witt*, Penfionaire de *Hollande* (*n*). Les réflexions de ce grand Homme étoient le réfultat d'un profond jugement, & d'une longue expérience.

Rien n'a plus rallenti les progrès de la *Corfe*, que l'Édit rendu par le Roi de la *Grande-Bretagne*, après la derniere Paix, pour defendre à fes fujets toute communication avec cette Nation. Quelles que puiffent avoir été les raifons d'Etat qui ont dicté cette démarche, j'ofe affurer qu'une bonne correfpondance avec la *Corfe* ne feroit pas d'un petit avantage pour l'interêt du Commerce de l'*Angleterre*, ne fût-ce que par rapport à nos Peches & à nos Manufactures de laine, fans parler de divers autres articles de trafic, qui tourneroient à notre profit mutuel. Sans cette défenfe je fais que plufieurs de nos meilleurs Armateurs feroient paffés, à la fin de la dernière Guerre, au fervice des *Corfes*, & auroient donné, à ces braves Infulaires, contre les *Genois*, une fupériorité par Mer, qui ne pouvoit manquer de les rendre très-refpectables : Et furement il eut été digne d'un Peuple libre & magnanime, d'offrir fes fecours à une race de Héros, qui ont tant fait pour fe procurer les mêmes avantages, furtout quand cette générofité fe trouvoit parfaitement d'accord à nos intérêts de Commerce.

Ce fut, à ce qu'on prétend, le Duc de
Niver-

(*n*) *De Witt's Intereft of Holland*, Part. III. Chap. 3.

Nivernois, qui eut affez de crédit auprès de nos Miniftres pour obtenir cette défenfe en faveur des *Genois*, à la grande furprife de plufieurs Politiques, qui favoient que ces Republicains étoient toujours attachés à la *France*; que, fans leur affiftance, cette Couronne n'auroit pas pu équiper la Flotte de *Toulon*, qui la mit en état de s'emparer de *Minorque*; & qu'ils avoient continué à conftruire des Vaiffeaux pour elle, & à la fournir conftamment de Matelots durant tout le cours de la dernière Guerre; au lieu que les *Corfes*, comme amis de la liberté, devoient naturellement trouver de la protection auprès des *Anglois*. Il faut efpérer que d'autres vues prévaudront enfin dans les Confeils de notre Nation. Un Souverain, doué des vertus les plus fublimes, animé des vrais fentimens de la liberté, & qui fe plait à rendre fon propre Peuple heureux, ne peut que défirer d'étendre fes bienfaits.

L'AGRICULTURE eft encore dans un état fort imparfait chez les *Corfes*. Leurs inftrumens de labourage font mal fabriqués, & même ils n'en favent pas faire le meilleur ufage; ils fe contentent de remuer la fuperficie de la terre, au lieu d'y paffer la charrue, & à peine connoiffent-ils les avantages des engrais, quoique fans doute ils en ayent une quantité fuffifante. On doit cependant excepter, de cette obfervation générale, quelques parties de l'Ifle, qui font plus fertiles & mieux cultivées.

LE fuprême Confeil nomme deux ou trois perfonnes, dans chaque Province, pour avoir l'infpection fur la culture des terres, prendre les mefures les plus propres à fon amélioration, & encourager, en particulier, les plantations de mûriers, dont la Corfe peut retirer une grande quantité de foie. Comme le jardinage y a été prefque entiérement négligé, le Gouvernement a rendu, en dernier lieu, une Ordonnance pour obliger tout habitant, qui poffède un Verger, ou tel autre Enclos, d'y femer, annuellement, des pois, des fèves, enfin de toutes fortes de légumes, au moins une livre de chacune pefant, fous l'amende de quatre livres, à payer au Podeftat.

Ce Confeil nomme auffi deux Confuls pour avoir l'infpection fur la qualité, & fur le prix des différentes productions de l'Ifle; & pour veiller à tout ce qui peut tendre à l'avancement du Commerce.

Les provifions ne font pas chères en *Corfe*. Un cheval de la première qualité coute entre 100. & 140. livres; une jument 70. à 80.; un bœuf pour le labourage, autour de 80.; une vache, de 20. à 30.; un âne, 20. à 25.; & une brebis environ 4 livres; l'on a une perdrix à 4 fols; les grives & les merles à 2 fols pièce; la viande de bœuf, & le meilleur poiffon à 2 fols; celle de mouton à ⅔ de fol, & le poiffon ordinaire à 1 fol la livre; le vin à 4 fols la bouteille de *Florence*, du poids de 6 ℔.

L'huile fe vend en barrils au prix de 40. à 50. livres; le barril contient 20. pintes, & la pinte 4 quarterons : Le vin, en tonneaux, de 12 *Zuchas*, le zucha de 9 grandes bouteilles de *Florence :* Le grain, par boisseau, de 12. *Bacini*, le bacino d'environ 20 ff. de poids. Le fac ou boiſſeau coute 18. livres.

La monnoie, & le poids de *Corſe* ſont égaux à ceux de *Toſcane*. Le Gouvernement eſt attentif à établir, peu à peu, une uniformité dans les poids & les meſures.

Le ſalaire d'un artiſan ou d'un ouvrier eſt une livre par jour, & la nourriture ; ceux qui ſont fort habiles ont quelque choſe de plus. Les moiſſonneurs ne tirent point d'argent ; mais ils ſont nourris & reçoivent chacun un *bacino* du grain qu'ils coupent.

Les Manufactures ſont encore très imparfaites chez les *Corſes* : J'ai déja obſervé que leur laine eſt extrêmement groſſière, qu'elle eſt en général noire, & qu'ils en fabriquent une très-méchante étoffe. Celle qui eſt faite de laine noire, toute pure, eſt plus eſtimée que celle qui ſe trouve mêlée avec un peu de blanche, parceque l'étoffe de cette dernière eſpéce prend une vilaine couleur rouſſâtre, ou fort brune. Les *Corſes* tirent de l'étranger tous leurs draps fins ; car outre que l'Iſle ne fournit point aſſez de laine pour leur uſage, ils n'ont pas appris à lui donner la préparation néceſſaire.

En *Sardaigne* on fait des couvertures de lits, des tapis de différentes couleurs, & une grande variété d'etoffes pour des habits. Quand les *Corſes* auront plus de loiſir, ils imiteront probablement leurs voiſins dans ces Arts, quoique, dans la plupart des Etats de l'*Italie*, il n'y aît guères que les Paiſans qui

s'habillent des Manufactures nationales; & si, en quelques endroits, il se fabrique des étoffes d'une espèce plus fine, c'est avec de la laine de divers Païs étrangers.

Il croit beaucoup de lin en *Corse*, & il n'est pas douteux qu'on ne pût s'y en procurer une grande abondance; mais les Insulaires ne font presque point de Toiles du tout, ce qui occasionne une importation très-dispendieuse. Cependant un Gentilhomme de cette Nation m'a fait observer, que s'il y avoit, dans le Royaume, un établissement comme la Société de *Dublin*, & un Docteur *Samuel Maddon* pour donner des prix à ceux qui se distingueroient dans les Manufactures, ainsi que cela se pratique dans la Capitale de l'*Irlande*, ils pourroient bientôt porter leurs Toiles & leurs autres Fabriques à un degré de perfection considérable.

Les *Corses* ont de l'huile d'olive en abondance; ils s'en servent pour leurs lampes; & c'est leur lumière la plus commune. Ils font aussi des bougies de leur cire, & quelque peu de chandelles de suif; car, comme je l'ai précédemment remarqué, leurs bestiaux ne donnent pas beaucoup de graisse.

Le cuir est en abondance dans l'Isle. La plupart des Païsans se contentent de sécher les peaux à l'air, sur-tout celles des sangliers, & ils en font d'informes souliers, sans autre apprêt. Cependant rien ne les y oblige que la pauvreté ou la paresse, puisque l'Art du Corroyeur est fort bien connu en *Corse*, & qu'il y a assez de tan pour en exporter encore une grande quantité en *Italie*. Les *Corses*

ont

ont une méthode de tanner, avec des feuilles de laurier fauvage, féchées au foleil & réduites en poudre; elles donnent au cuir une efpéce de couleur verdâtre. Il eft certain qu'on peut l'apprêter encore de plufieurs autres façons. Dans l'Ifle de *St. Kilda*, on emploie, à cet effet, la racine de la tormentille (*o*).

Les Sciences n'ont pu faire de grands progrès en *Corfe*, dans l'ignorance où la politique des *Genois* tenoit les habitans de cette Ifle, & au milieu des troubles d'une Guerre auffi longue que cruelle (*p*). *Paoli* & les plus fages de fa Nation comprirent bientôt, que pour mettre ces Peuples dans un état à pouvoir efpérer d'affermir leur liberté, & de la tranfmettre à la poftérité avec tous fes précieux avantages, il feroit néceffaire de former leurs efprits à recevoir des lumières, & des principes capables de maintenir la Conftitution fur un pied folide & durable.

Après de longues délibérations il fut enfin réfolu, en 1764, de fonder une Univerfité dans la Ville de *Corte*; & à cette occafion l'on publia un Manifefte, qui rappelloit, aux Peuples de la *Corfe*, la barbare politique des *Genois* à les tenir dans l'ignorance; & qui les informoit des établiffemens que les foins paternels du Gouvernement avoient formés pour leur inftruction.

Ce Manifefte n'étoit point un vain étalage de

_____

(*o*) Mr *Aulay's Hift. of St. Kilda*, p. 214.
(*p*) *Inter arma filent leges*, eft une ancienne obfervation, qu'on peut à jufte titre également appliquer aux Mufes.

de desseins impraticables. *Paoli* avoit déja pris des peines infinies pour rassembler dans l'Isle les plus savans Hommes, parmi lesquels divers *Corses*, établis dans les Païs étrangers, furent assez desintéressés, & assez Patriotes pour accepter les petits émolumens que *Corte* pouvoit leur offrir. Ils se crurent amplement recompensés par la satisfaction de contribuer au bonheur de leur Patrie, en la retirant des ténèbres de l'ignorance, où la politique *Genoise*, plus barbare que celle des *Goths*, la tenoit plongée, & en éclairant ces Héros, dont le patriotisme inculte brilloit avec tant d'éclat.

Les Professeurs de l'Université de *Corte* sont, pour la plupart, des Religieux de divers Ordres. Ils sont infatigables dans leurs travaux, & la jeunesse *Corse* montre, dans ses études, la même ardeur qui la caractérise dans les armes. Il y a quelques Salles médiocres, où les Professeurs donnent leurs leçons. Mais l'on ne sauroit prétendre qu'ils dûssent avoir, pour le présent, quelque chose d'approchant à l'Edifice régulier d'un Collège. Les Etudians sont en pension dans la Ville.

Il y a, à *Corte*, une Imprimerie & une Librairie, l'une & l'autre dirigées par un *Lucquois*, de quelque capacité, & qui a de fort bons caractères; mais il n'imprime que les Manifestes publics, des Calendriers pour les jours de fête, de petites Pièces de dévotion pratique, & la Gazette de *Corse*, qui se publie, par autorité, de tems à autre, c'est-à-dire lorsqu'on a de quoi la remplir, parcequ'elle ne contient que les avis de l'Isle ; & comme

comme elle n'admet point de nouvelles étrangères, ni d'anecdotes particulières, il se passera quelquefois un intervalle de trois mois avant qu'elle reparoisse.

On a, en *Corse*, divers Traités de controverse politique, que leur titre annonce comme imprimés à *Corte*; mais ils sortent réellement des Presses de *Lucques* ou de *Livourne*. Dans quelques-uns de ces Traités, dont j'ai une collection fort nombreuse, les Auteurs s'efforcent à prouver jusqu'à la démonstration, que les *Corses* doivent être libres. Ces Ecrits sont en bonne partie dans le stile des profonds Traités pour & contre le droit héréditaire & inviolable des Rois, dont toutes les Librairies de la *Grande-Brétagne* étoient remplies dans le dernier siècle. On entasse autorités sur autorités pour établir les propositions les plus évidentes. Les prérogatives naturelles & divines de la liberté, n'ont pas besoin du secours de la Logique, qui a été employée avec tant de succès par les Avocats de l'esclavage.

Le génie & le caractère des *Corses* ont été représentés sous des couleurs si odieuses, par quelques Auteurs anciens, & par les Emissaires *Genois* de nos jours, que ce point me paroît mériter une considération particulière.

Dans le Muratori *Rerum Italicarum Scriptores*, vol. 24., on trouve Petrus Cyrnæus *de Rebus Corsicis*, en 4 livres. Ce *Petrus*, dont le nom de famille étoit *Felice*, mais auquel, à la façon des Savans, il substituoit celui de *Cyrnæus*, dérivé de *Cyrnus*, ancien nom

Grec de fa Patrie, vivoit dans le 15ᶜ. fiècle, & fut Prêtre du Diocèfe d'*Aleria*. Son extrême pauvreté le réduifit à chercher fortune en divers endroits de l'*Italie*, principalement à *Venife*, faifant le Pédagogue & le Correcteur d'Imprimerie. Enfin, de retour dans fa Patrie, il en compofa fort dévotement l'Hiftoire, qu'il pouffa jufqu'à l'année 1516.

Le feul Manufcrit qui exifte de ce petit Ouvrage, fe conferve dans la Bibliothèque du Roi de *France*; & *Muratori*, en le publiant en 1738, remarquoit à cette occafion; ,,que ,, les Corfes, Peuples féroces, groffiers, & ,, fort enclins à la fédition, avoient depuis ,, long-tems donné de grands embarras à la ,, Serᵐᵉ. Republique de *Gênes*, par leurs fré- ,, quentes revoltes ". Et il ajoute ,,que, de ,, nos jours, on les voyoit & réconnoiffoit ,, encore tels que *Petrus Cyrnæus* les avoit dé- ,, crits, comme flottans dans des diffentions ,, & des rebellions perpétuelles ".

Petrus défend avec beaucoup de zèle l'honneur de l'Ifle. Il prétend qu'elle a eu pour Roi un fils d'*Hercule*, que *Strabon* (*q*) dit s'être établi en *Sardaigne*, ce qui aura apparemment donné lieu à la même idée touchant la *Corfe*; ,, l'Antiquité, (fuivant l'ex- ,, preffion de *Tite Live*,) ayant le privilège ,, de rendre l'origine des Etats plus auguf- ,, te (*r*)".

Petrus eft un Patriote fort enthoufiafte. Il ne peut pardonner à *Strabon*, qui, malgré
le

(*q*) *Strabo. Liv.* V. *Cap.* 225.
(*r*) *Liv. in Proem.*

le rapport favorable que *Diodore* de *Sicile* a fait de la *Corſe*, avoit trouvé bon de tracer le tableau le plus hideux & de l'Iſle & de ſes habitans. C'eſt pour refuter ſes *menſonges, qui s'étoient divulgués*, que *Petrus* déclare avoir principalement mis la main à la plume, & il s'écrie avec toute la fureur d'un vrai fils d'*Hercule*. ,, Quoi ! déchirera-t'il l'Iſle entière,
,, ſans que nous nous plaignions, ſans que
,, nous cherchions à nous juſtifier, & ſans que
,, nous témoignions notre vif reſſentiment ?...
,, Mais ſi je me taiſois, les murailles de la
,, maiſon où je ſuis né, la Ville où j'ai été
,, élevé, ne parleroient-elles pas ?"

Il eſt, en effet, fort étrange, que deux Auteurs, tels que *Strabon* & *Diodore*, diffèrent ſi conſidérablement entr'eux, qu'ils ſemblent être en contradiction directe l'un à l'autre. *Strabon* s'exprime en ces termes:
,, L'Iſle *Cyrnus*, appellée *Corſica*, par les
,, *Romains*, eſt mal peuplée, rude & d'un
,, accès difficile dans la plupart des Lieux;
,, deſorte que les habitans, qui ſe tiennent
,, ſur les montagnes, & vivent de briganda-
,, ges, ſont plus féroces que les brutes mê-
,, me. Auſſi quand les Généraux *Romains*
,, font des irruptions dans leur Païs, & que,
,, tombant ſur leurs forchereſſes, ils ſe ſai-
,, ſiſſent d'un grand nombre de ces habitans,
,, & les amènent à *Rome*, c'eſt merveille de
,, voir quelle férocité, & quelle brutalité
,, montrent ces créatures, juſqu'à ſe tuer de
,, leurs propres mains; ou s'ils ne le font pas,
,, ils vivent dans un tel état de ſtupidité &
,, d'inanition, que ceux qui les achétent pour
,, eſcla-

,, esclaves, font toujours un très-mauvais
,, marché, & font fûrs d'avoir à regretter
,, leur argent, quoiqu'ils n'en payent pas
,, grand' chose (s)."

D'un autre côté *Diodore* dit: ,, Les esclaves
,, *Corses* semblent différer de tous les autres
,, dans leur utilité pour les services du corps,
,, auxquels ils font propres, par un don tout
,, particulier de la Nature. . . . . Ces Insu-
,, laires vivent entr'eux avec plus d'humani-
,, té & plus de justice, que tous les autres
,, Barbares. . . . . Dans chaque partie de
,, l'Oeconomie civile, ils témoignent un re-
,, spect particulier pour l'équité (t)."

Mr. *Burnaby* croit qu'on peut concilier ces
récits très-différens, en supposant que leurs
Auteurs ont envisagé ces Peuples sous deux
différens points de vue, & qu'ils en parlent,
Strabon comme d'ennemis, & *Diodore* comme
d'amis, au moyen dequoi on les trouvera exactement conformes au caractère des *Corses*
actuels. Dans la Guerre, ils font furieux
comme des lions; ils méprisent la mort; rien
ne peut les faire plier contre leurs inclinations; ils s'irritent & ne veulent point souffrir de contrainte (v); au lieu que, dans la
Paix & dans la vie civile, ils font généreux
&

(s) *Strabo. Lib. V. Cap.* 224.
(t) *Diod. Sicul Lib. V. Cap* 224.
(v) Ce que Mr. *Burnaby* dit des *Corses* me rappelle une observation admirable de Mr. *Thomas Blount*:
,, Vous pouvez (dit-il) apprivoiser le lion, mais
,, vous le hacherez en pièces, plutôt que de le mettre
,, à la chaine." *Sir Th. Pope Blount's Essays*, edit.
Lond. 1697. p. 65.

& équitables au suprême dégré, & possédent toutes les qualités aimables que *Diodore* leur attribue. Quand leur service est volontaire, & qu'ils sont attachés à leurs Maîtres par un traitement doux & honête, ils ont les autres perfections que le même Historien leur accorde.

Mylord *Hailes* pense qu'il n'y a proprement aucune contradiction entre ces deux illustres Auteurs; puisque *Strabon* ne blâme pas les *Corses* en général; il parle seulement en termes énergiques de ceux d'entr'eux, qui habitent les montagnes & vivent de brigandages, tout comme si, écrivant sur l'*Ecosse*, dans ses anciens tems de barbarie, il eût dit, que les Montagnards de ce Païs-là sont une espéce d'hommes à demi sauvages.

Mylord *Monboddo* juge que pour accorder ces différens caractères des *Corses*, il n'y a qu'à supposer que ceux que *Diodore* & *Strabon* ont eu occasion d'observer étoient, les premiers, bien traités, &, les derniers, maltraités; car un bon ou un mauvais traitement suffisoit pour les faire paroître de l'un ou de l'autre caractère, comme nous pouvons le remarquer à l'égard de plusieurs Nations barbares de nos jours.

Mais je supposerai une férocité universelle dans les *Corses*; & je crois qu'elle peut bien être justifiée, si l'on considère le traitement que cette brave Nation a éprouvé de la part de ses Tyrans. Aussi le Philosophe de *Malmsbury* (*u*) a-t'il à bon droit remarqué;
,, que,

(*u*) *Hobbes de Cive, Epist. Dedic.*

,, que, pour se défendre contre l'inique op-
,, preffion des méchans, les bons même
,, peuvent recourir aux pratiques de la Guer-
,, re, telles que la violence & la rufe; c'eft-
,, à-dire à une efpèce de *rapacité féroce* (fe-
,, rina rapacitas) ''.

Petrus *Cyrnæus* pofe comme un principe
conftant; ,, que tous les *Corfes* font libres
,, & vivent par leurs propres loix; '' & il
donne ce noble éloge à fa Patrie: ,, La
,, *Corfe*, toujours nourrie par la pauvreté,
,, hofpitalière de la vertu, miféricordieufe
,, envers tous, maintient cette indigence
,, & cette générofité, qu'elle a contractées,
,, par la fevère difcipline à laquelle elle eft
,, accoutumée ''.

Le 4e. livre de *Petrus Cyrnæus*, qui ne contient que les avantures de fa vie misérable &
vagabonde, eft rempli d'anecdotes étranges
& bizarres. Il le commence fort gravement
par ces mots. ,, Comme nous fommes par-
,, venus jufqu'ici, il ne fera pas hors de pro-
,, pos de dire quelque chofe de la vie & des
,, mœurs de *Petrus*, Auteur de cette Hiftoi-
,, re. '' Il donne de lui-même un excellent,
& j'ofe dire très-véridique caractère; mais
fa narration eft fi minutieufe, qu'il prend
foin d'informer la poftérité, qu'il étoit fort
irrégulier dans fa façon de fe promener, &
qu'il préféroit le vin doux à tout autre. En
un mot, c'étoit un homme de beaucoup d'efprit, d'une grande fimplicité, & d'une humeur fort capricieufe.

Les *Corfes* ont naturellement l'efprit vif,
pénétrant, & difpofé en particulier à l'éloquence.

ce. *Jerôme de Marinis* (w) leur donne ce caractère. ,, Leurs montagnes, (dit il,) abondent ,, en essains d'abeilles, & découlent de lait ,, & de miel; tel est aussi le génie des *Cor-* ,, *ses*, qui avec le lait & le miel ont un ai- ,, guillon sous la langue, & sont nés pour ,, le barreau ".

Je possède deux Discours *Corses*, ou Harangues populaires, qui peuvent servir d'échantillons de leur éloquence. L'une est intitulée, *La* Corsica *a suoi Figli*. ,, La *Cor-* ,, *se* à ses enfans ": & l'autre, *La* Corsica *a suoi Figli sleali*. ,, La *Corse* à ses enfans infi- ,, dèles ".

La première de ces harangues encourage les Patriotes à persévérer dans la glorieuse cause. En voici la conclusion : ,, Suivez ,, donc l'exemple des Libérateurs de leur ,, Patrie; & soyez assurés que la liberté sera ,, le prix de vos travaux; & qu'à l'ombre ,, agréable de cette liberté, vous recueille- ,, rez les fruits délicieux de la sécurité & de ,, la paix, de l'abondance & du contente- ,, ment, de l'exaltation & de la gloire; ,, fruits, qui seront d'autant plus doux pour ,, vous, que vous en avez été plus long- ,, tems privés par la malignité de vos op- ,, presseurs ".

Dans la seconde de ces harangues, la Nation, qui sembloit témoigner quelque irrésolution ou timidité, est excitée contre les *Genois* en ces termes. ,, Voilà la puissance qu'ils
,, vou-

___
(w) *Græv. Thesaur. Antiq. Vol.* I, *p.* 1410.

„ voudroient vous faire craindre. Vous
„ l'avez méprisée, vous en avez triomphé
„ dans le tems de votre plus grande foibles-
„ se; en un tems où vous étiez dépourvus
„ d'armes, de munitions, de vaisseaux, de
„ ports, de finances, & de troupes; en un
„ tems, où vos Chefs étoient novices dans
„ le Gouvernement militaire, politique, ci-
„ vil & œconomique, & que toutes ces
„ branches exigeoient, de leur part, des
„ peines & des dépenses infinies; en un
„ tems où les factions élevoient audacieuse-
„ ment la tête, & semoient en tous lieux la
„ zizanie; quand la Partie ultramontaine
„ étoit indépendante, & séparée de la Par-
„ tie citérieure de l'Isle; & la domination
„ de la Nation aussi mal assurée que peu con-
„ nue. Maintenant que par un heureux
„ changement des affaires, vous êtes abon-
„ damment pourvus d'armes & de muni-
„ tions; que vous avez un nombre suffisant
„ de vaisseaux & de ports; que votre Ar-
„ mée est formée, & que les fonds pour
„ son entretien sont trouvés; que vos finan-
„ ces sont arrangées, vos Chefs bien mieux
„ instruits, les dépenses de l'Administration
„ fort diminuées, les factions entièrement
„ dissipées; que le Gouvernement national
„ est obéï par tous les ordres du Royaume,
„ craint par nos ennemis mêmes, & déja
„ réconnu par quelques Etats étrangers; que
„ les Parties citérieure & ultramontaine de
„ l'Isle sont absolument réunies sous un seul
„ Chef, & sous un Chef qui (je le dirai à
„ la honte de la malignité & de l'envie)
„ par

„ par fa fageſſe & fa prévoyance, par ſon
„ zèle & ſon desintéreſſement, par ſon cou-
„ rage & ſa valeur, par la droiture de ſes
„ intentions, de ſes vues & de ſes maximes,
„ ne le cède à aucun des Héros les plus cé-
„ lèbres: Maintenant, dis-je, que vous êtes
„ dans un état plus fort & plus floriſſant que
„ jamais, & qui, ſi vous êtes conſtans
„ dans vos entrepriſes, vous promet une
„ gloire immortelle, une indépendance to-
„ tale, & une félicité permanente, redoute-
„ riez-vous encore la puiſſance vaine, ab-
„ jecte & mépriſable de la Republique? "

Les *Corſes* parlent fort bon *Italien*, mêlé de quelques reſtes des dialectes des Nations *Barbareſques*, & d'un petit nombre de mots corrompus des *Genois*; quoiqu'en général leur langage ſoit beaucoup plus pur que dans aucun des Etats de l'*Italie*. Leur prononciation eſt cependant un peu dure; ils donnent, en particulier, à la voyelle E., un ſon ouvert, que je trouve très-desagréable. Mais ils écrivent l'*Italien* à un grand degré de perfection, comme on peut s'en convaincre par leurs Manifeſtes, & autres pièces publiques.

Ces Peuples ont généralement beaucoup de diſpoſition pour les Arts. A la vérité je ne ſaurois dire que la Peinture aît fait juſqu'ici des progrès remarquables parmi eux; mais ils réuſſiſſent bien dans la Muſique & la Poëſie. Il y en a très-peu qui ne ſachent jouer du *Citra*, ou Cyſtre, ancien Inſtrument de Muſique des *Maures*, dont le ſon eſt doux &
mélo-

mélodieux (*x*). La plupart de leurs Airs sont aussi tendres & gracieux.

SANS avoir produit encore aucun Poëme considérable & fini, ils ont quantité de petites pièces fort jolies, qui roulent principalement sur la Guerre ou sur l'Amour (*y*), ainsi qu'un grand nombre de Ballades & de Madrigaux, remplis de plaisanteries,

---

(*x*) A les en croire, c'est le *Cythara* des Anciens.
(*y*) Hyacinte Paoli, Père du Général actuel, a laissé plusieurs Sonnets, fort ingénieux, dont j'ai bon nombre. J'en insère ici un, qui fut composé à l'honneur du Général *Giafferi*, son Collègue dans le Commandement, à l'occasion d'une victoire, qu'il avoit remportée sur les *Genois*, au Siège de *Cordone*. Cette pièce donne une idée des talens de ce vénérable Chef, en même tems qu'elle montre sa généreuse satisfaction des succès d'un autre, engagé dans la même cause glorieuse.

SONETTO.

A coronar l'Eroe di Cirno invitto,
Morte discenda e se l'inchini il fato;
E li sospiri del Ligure sconfitto
Diano alla tromba della Fama il fiato.

Fatto appena di Golo il bel tragitto,
Del nemico espugna forte steccato;
Sprezzò perigli; e al disugual conflitto,
Virtù prevalse, ov' ci comparve armato.

Cirno lo scelse, e'l suo destin l'arrise;
E'l gran litigio a cui l'Europa è attenta
Al suo valor, al brando suo, commise.

Il brando, ch'anche il destin spaventa,
All' ingrata Liguria il crin recise;
E a Cirno il scetro la sua man presenta.

ries, & de traits satiriques contre les *Genois*; des Essais du genre grave, & différentes Allégories relatives à eux-mêmes & à leurs ennemis. Ils ont, en particulier, une Paraphrase curieuse de l'Oraison Dominicale, dont toutes les demandes sont étrangement parodiées en de violens sarcasmes contre les *Genois*.

Le caractère des *Corses* a déja été ébauché dans le parallèle de *Strabon* avec *Diodore* de *Sicile*. On ne sauroit nier que ces Peuples ne soient agités par de violentes passions. La force & la vigueur d'esprit, qu'on leur reconnoît de même, sont les principes qui forment les hommes bons ou méchans à un degré supérieur. ,, J'aime ces caractères où il ,, y a de l'étoffe; " me disoit Mr. *Rousseau*, un jour que nous nous entretenions, au *Val-de-Travers*, sur ceux de différentes Nations. C'étoit bien dit: Un esprit foible & languissant n'est point en état de soutenir le poids des grandes vertus. Ce n'est que de la fermeté & de la vivacité qu'on doit attendre des caractères d'un rare mérite.

Ces Insulaires sont propres à tout. Mais leur destinée n'a laissé voir en eux qu'un naturel féroce & intraitable. Abandonnés, par les Nations voisines, à l'oppression d'un Etat tyrannique, ils n'ont pas eu occasion de développer leur génie pour les Arts & les Sciences, ni de faire connoître leur hospitalité, leur candeur, & leurs autres vertus sociales. Ce qu'ils ont eu occasion de montrer, ils l'ont toujours fait avec distinction.

,, Les *Corses*, (disent les Auteurs de ,, l'Ency-

,, l'*Encyclopedie*) font remuans, vindicatifs,
,, & belliqueux ". Leurs efforts contre la
tyrannie ne pouvoient les faire paroître fous
un autre afpect.

Un Auteur du plus haut rang les caracté-
rife ainfi: ,, Les *Corfes* font une poignée
,, d'hommes aufli braves & aufli délibérés
,, que les *Anglois*. On ne les domptera, je
,, crois, que par la prudence & la bonté.
,, On peut voir, par leur exemple, quel
,, courage & quelle vertu donne aux hom-
,, mes l'amour de la liberté, & qu'il est
,, dangereux & injufte de l'opprimer (z) ".

Leurs mœurs ont beaucoup de rapport
à celles des anciens *Germains*, telles que *Tacite* les a décrites. Cependant ils n'ont pas
la même habitude de boire; ils font, au
contraire, extrêmement fobres, règlés &
chaftes à un point extraordinaire; ce qui eft
dû en partie à de bons principes, que le
luxe n'a point altérés, & en partie à l'exercice de la vengeance particulière contre
ceux qui attentent à l'honneur de leurs
femmes.

Cette dernière pratique femblera peut-
être rude & barbare, mais je la trouve fage & noble. Il vaut mieux tolérer des
meurtres occafionnels, que de fréquens adul-
tères; il vaut mieux couper de tems en tems
un membre corrompu, que de laiffer infec-
ter le corps entier. Quand les mœurs font
intimement liées aux idées de l'honneur, &
que

(z) *Effai de Crit. fur le Prince de Machiavel.* p. 114.

que des crimes, d'une nature féduifante, ne fe commettent pas avec impunité, l'on peut fe flatter que les hommes feront retenus, par ce frein, dans les bornes de leur devoir; & que les principes de l'honnêteté, de la valeur & de la générofité prévaudront fur les plaifirs frivoles & paffagers du libertinage, fource d'une infinité de defordres. Enfin, ceux qui croient le duël néceffaire pour conferver la délicateffe du point d'honneur, ne doivent pas cenfurer la vengeance particulière, ce Gardien auftère d'une vertu qui fait la bafe de toute Société.

On peut dire de la *Corfe* ce que *Tacite* rapporte de l'ancienne *Germanie*; ,, que perfon- ,, ne n'y rit au vice; & que la corruption ,, n'y eft point à la mode (*a*) ".

Les *Corfes*, comme les anciens *Germains*, font extrêmement pareffeux. Les femmes font la plus grande partie des travaux pénibles (*b*); ce qui eft auffi la coutume parmi les Montagnards *Ecoffois*. Cependant ces Infulaires font très-actifs en Guerre, de même que les *Germains*, dont *Tacite* dit; ,, que ,, par une merveilleufe diverfité de la Natu- ,, re, les mêmes hommes font à la fois amis ,, de l'oifiveté & ennemis du repos (*c*) ".
Malgré tout ce qu'a fait *Paoli* pour exciter fes Compatriotes au travail, il n'a pu encore

---

(*a*) Nemo illic vitia ridet; nec corrumpere & corrumpi fæculum vocatur. *Tac. de Mor. Germ.*
(*b*) *Ib.*
(*c*) Mira diverfitate naturæ cum iidem homines fic ament inertiam & oderint quietem. *Ib.*

re vaincre entièrement leur repugnance à cet égard; & chaque année l'on emploie dans l'Isle 800. à 1000. *Sardes* & *Lucquois*, comme Artisans & Laboureurs.

Mr. de *Montesquieu* observe, que toutes les Nations paresseuses sont aussi orgueilleuses; ce qui est le cas des *Corses*, à quoi leurs succès dans la Guerre n'ont pas peu contribué, comme je l'ai remarqué ailleurs. Il propose un très-bon remède pour ce mal. ,, On pourroit (dit-il) tourner l'effet con-
,, tre la cause, & détruire la paresse par
,, l'orgueil. Dans le midi de l'*Europe*, où
,, les peuples sont si fort frappés par le point
,, d'honneur, il seroit bon de donner des
,, prix aux laboureurs qui auroient porté le
,, plus loin leur industrie. Cette pratique
,, a réussi de nos jours en *Irlande*; elle y a
,, établi une des plus importantes Manufac-
,, tures de toile qui soit en *Europe* (*d*) ".

Les *Corses* aiment fort à s'asseoir autour d'un feu; coutume qui semble être particulière aux Nations agrestes. On la trouve établie chez les *Indiens* dans l'*Amerique Septentrionale*; & les anciens *Germains* ,, passoient
,, toute la journée auprès du feu (*e*) ". Les *Scythes* étoient dans le même usage (*f*).

Il

(*d*) *Esprit des Loix*, *Liv.* XIV. *Chap.* 9.
(*e*) Totos dies juxta focum atque ignem agunt. *Tacit. de Mor. Germ.*
(*f*) Ipsi in defossis specubus secura sub alta
Otia agunt terra, congestaque robora, totasque
Advolvere focis ulmos, ignique dedere.
Virg. *Georg.* III. *l.* 376.

Il y a eu anciennement diverses coutumes fort étranges en *Corse*. *Diodore* de *Sicile* raconte, que dès qu'une femme étoit accouchée, le mari se mettoit au lit, comme s'il eût été malade, & prenoit soin de l'enfant, à qui la mère n'avoit qu'à donner le sein, sans s'embarrasser du reste (*g*). Une si grande attention à l'égard d'une femme qui a tant souffert pour le bien de la Société, a réëllement quelque chose de fort humain, quoique cette simplicité nous fasse rire; & l'on peut dire qu'elle n'a jamais été égalée par toute la complaisance de la galanterie moderne. Mais cette équitable coutume ne subsiste plus.

Petrus *Cyrnæus* dit que de son tems le mariage étoit en si grand honneur parmi ces Peuples, que quand une jeune fille, faute de dot, n'étoit point recherchée, les voisins se cotisoient entr'eux pour l'aider à trouver un mari. La générosité ne pouvoit jamais être exercée plus à propos. *Epaminondas* signaloit la sienne de la même manière (*h*).

Il subsiste encore, parmi eux, quelques coutumes bizarres, sur-tout les cérémonies qu'ils observent aux funérailles de leurs parens. Quand un homme est mort, particulièrement s'il a été assassiné, sa veuve, avec toutes les femmes mariées du Village, accompagnent le corps à l'enterrement, où, après de grands hurlemens & d'autres témoignages de douleur,

(*g*) *Diod. Sicul. Wesseling* p. 341.
(*h*) *Corn. Nep. in Vit. Epam.*

leur, les femmes se jettent sur la veuve, & la maltraitent d'une manière cruelle. Ensuite elles la reconduisent au logis, toute couverte de sang & de meurtrissures. Je n'ai pas eu occasion de voir cette cérémonie; mais je la rapporte sur des autorités incontestables.

APRES avoir tant parlé du caractère des *Corses*, qu'il me soit permis d'en présenter un très-distingué à mes Lecteurs. C'est celui de M. *Clemente de' Paoli*, frère du Général.

CE Gentilhomme est le fils aîné de l'ancien Général *Hyacinte Paoli*. Il est âgé d'environ 50 ans, d'une taille moyenne, & d'un teint noirâtre. Ses yeux sont vifs & perçans, & il a, dans la forme de sa bouche, quelque chose, qui lui donne un air tout-à-fait singulier. C'est un homme d'un grand jugement, & qui n'a point négligé la culture de son esprit. Il a été marié, & est Père d'une fille unique, épouse de M. *Barbaggi*, l'un des principaux Seigneurs de l'Isle.

DEPUIS plusieurs années, M. *Clemente de' Paoli* a passé son veuvage à *Rostino*, qui est le patrimoine de sa famille. Il y mène une vie fort retirée. Son tempérament le porte à la mélancolie, & ses notions de Religion sont très-sévères. Tout son tems est partagé entre l'étude & la dévotion. Il donne ordinairement six ou huit heures par jour aux exercices de piété; &, durant cet intervalle, on le voit prosterné au pied de l'Autel les mains jointes, & les yeux élevés vers le Ciel, dans une posture, qui marque la ferveur de son zèle.

IL

IL s'est prescrit un régime de vie & d'abstinence des plus rigoureux, comme s'il eût fait profession des vœux de quelque Ordre religieux. Il fréquente beaucoup les *Francifcains*, qui ont un Couvent à *Roftino*. Il porte l'habillement groffier du commun des *Corfes*, desorte qu'il est difficile de le diftinguer dans la foule du Peuple.

QUAND il est en compagnie, il parle peu; &, fi ce n'est dans des occafions importantes, jamais il ne fe montre en public, ni ne va même faire vifite à fon Frère à *Corte*. Cependant lorfque le danger l'appelle, il est le premier à paroître pour la défenfe de fa Patrie; il marche à la tête de fes Troupes, & s'expofe au feu le plus violent; car la crainte de DIEU eft parfaitement compatible avec la plus grande bravoure, fuivant ce fameux vers du pieux *Racine*.

Je crains DIEU, cher *Abner*; & n'ai point d'autre crainte.

DANS les premiers inftans d'une action, il eft fort tranquille, & il adreffe fouvent des prières au Ciel pour l'ennemi qu'il fe prépare à combattre; il déplore la néceffité où il fe trouve de le priver de la vie, & demande à DIEU qu'il veuille lui pardonner fes péchés & le recevoir en grace. Après avoir vu tomber à fes côtés deux ou trois de fes Compatriotes, fon calme fe change en fureur; fes yeux font enflammés d'indignation & de colère; il ne refpire plus que la vengeance.

SON autorité dans le Confeil n'eft pas moindre que fa valeur en Campagne. La force de fon jugement, l'étendue de fes connoiffances, & la fainteté particulière de fon caractère, lui donnent un poids confidérable dans toutes les délibérations publiques; & fon influence eft d'une très-grande utilité au Général fon frère.

En voyant ainfi les *Corfes* glorieufement combattre pour les plus beaux privilèges de l'humanité, &, fous la conduite d'un illuftre Commandant, & d'un habile Homme d'Etat, établir la liberté, & former une Nation vertueufe & heureufe, pouvons-nous, en qualité de *Bretons*, être indifférens à leurs fuccès, ou refufer notre admiration à leur bravoure & à leur prudence? Un Poëte *Anglois* a célébré la *Corfe*. Je ne le connois pas; mais je le remercie du zèle qu'il a montré pour une fi belle caufe.

Les *Corfes* font, en général, d'une petite ftature, mais robuftes & vigoureux, à-peu-près comme les Montagnards d'*Ecoffe*, quoiqu'il s'en trouve plufieurs, tant des uns que des autres, qui foient de bonne taille, & d'une belle figure.

Il ne s'eft point fait de dénombrement exact des habitans de l'Ifle, dans ces derniers tems; mais on peut les fixer à 220000 ames: car avant la revolte de 1729, il y avoit 40000 familles qui payoient la taille aux *Genois*; & comptant 5 perfonnes par famille, les habitans fe montoient alors à 200000. Or il eft certain, quoique la chofe paroiffe tenir du paradoxe, que ce nombre s'eft augmenté pendant la Guerre. Le Père *Cancelloti*, Miffionnaire *Jéfuite*, qui voyageoit en *Corfe*, & qui prenoit les plus exactes informaformations, comptoit, qu'en 13 années du Gouvernement *Genois*, l'Ifle avoit perdu, par affaffinats & autres caufes, 28000 hommes; au lieu que dans les 37 dernières années de Guerre, fa perte n'a pas été au delà de 10000 hommes, en y comprenant ceux qui fe font expatriés durant les troubles. Ainfi la fupputation du nombre actuel de fes habitans paroit affez jufte.

Ce nombre eft cependant beaucoup moindre qu'il n'a été dans les anciens tems. Un habile Ecrivain (*i*) a fort judicieufement obfervé: „ Que la dépopulation de diverfes „ Contrées femble avoir eu pour première „ caufe les ravages que firent les *Romains* „ dans les petits Etats & dans les Villes, „ avant qu'ils pûffent affermir leur domina- „ tion." Il n'y a point d'Etat, où cette caufe de dépopulation aît dû avoir été plus fenfible qu'en *Corfe*, parceque dans aucun Etat les habitans originaires n'étoient plus difficiles à fubjuguer; & fi l'on ajoute, aux ravages des *Romains*, les différentes révolutions que l'Ifle a éprouvées, pendant les fiècles fuivans, l'on ne fera pas embarraffé à rendre raifon de la diminution de fes habitans.

Des 220000 ames qu'on donne à la *Corfe*, il peut y en avoir 10000 à *Baftia*, & en tout 25000 dans les territoires des *Genois*; de forte que j'en compte environ 200000 de la Nation patriote, &, de ceux-ci, *Paoli* peut mettre 40000 hommes en Campagne.

Il

(*i*) *Wallace, on the Numbers of Mankind. p.* 106.

Il n'est donc nullement probable que les *Génois* puissent subjuguer une Nation si considérable, & une Nation de tels hommes, dont la plupart sont nés dans les tems de troubles, & ont été élevés avec les sentimens de la haine la plus violente contre la Republique. Il n'y a même aucun enfant *Corse*, qui ayant attrapé un peu de poudre, ne courre y mettre le feu, & ne s'écrie avec transport en la voyant brûler, *Ecco i Genovesi*, comme s'il les avoit réellement fait sauter en l'air.

Je crois que les plus sages & les plus éclairés d'entre les Nobles *Génois* sont à présent du sentiment, que la Republique devroit renoncer à ses prétensions de Souveraineté sur un Peuple, qu'elle n'a jamais pû conquérir, & lequel, après avoir fait échouer toutes ses entreprises, s'est enfin formé en un Etat, qui a un droit solide à l'indépendance; mais la plus saine partie du Sénat n'en est pas la plus nombreuse; & la Republique a continué jusqu'ici de dissiper ses Trésors, & de sacrifier ses Soldats dans de vaines tentatives pour recouvrer la *Corse*.

L'Abbé *Richard* (k) nous en apprend les véritables raisons: ,, Le Royaume de *Corse*,
,, dit-il) dont la Republique possède quel-
,, ques Places maritimes, lui coute prodigieu-
,, sement; elle n'en retire aucun avantage
,, réel, & elle a toujours à combattre un
,, Peuple indiscipliné, armé pour la liberté.
,, Mais

(k) *Richard, Descript. Hist. & Crit. de l'Ital. Tom.* I. p. 118.

„ Mais comme les Nobles *Genois* se regar-
„ dent tous comme solidairement Rois de
„ *Corse*, cette raison, qui est très-forte sur
„ leur esprit, les déterminera toujours à
„ ne rien épargner pour conserver au moins
„ ce titre.

„ C'est l'objet d'ambition qui les touche
„ le plus. Rien n'est aussi intéressant pour
„ eux, que les nouvelles de ce Païs; sur-
„ tout quand la balance paroît pancher du
„ côté des Rebelles (*1*).

„ Une Dame *Genoise*, fort inquiète de
„ quelques succès qui sembloient annoncer
„ une révolution totale en faveur des Insu-
„ laires, apprenant que les espérances de la
„ Republique se rétablissoient, dit dans un
„ transport de joie: *Dieu merci! nous sommes*
„ *donc encore un peu Reines* ".

Pendant que je travaillois à cette Relation, les braves *Corses* résolurent de faire la conquête de l'Isle de *Capraja*, ou *Caprara*, située à environ vingt miles du *Capo-Corso*, vis-à-vis la Côte de *Toscane*. Cette Isle avoit été anciennement annexée au Royaume de *Corse*, & faisoit partie du Territoire féodal de la noble Famille de *Damari*, qui en fut dépouillée par les *Genois*.

Capraja peut avoir quinze miles de circonférence; toute l'Isle est remplie de montagnes, d'un terroir aride & pierreux, & tellement environnée de rochers, qu'elle est presque inaccessible de toutes parts, à l'exception

---

(*1*) Il ne devoit pas appeller *Rebelles*, ceux qu'il venoit de représenter comme *armés pour la liberté*.

ception d'un assez bon Port, où les Vaisseaux qui passent la *Méditerranée*, ont coutume de se mettre à l'abri des tempêtes. Elle a au-delà de 3000 habitans, qui sont tous rassemblés dans une Ville située au bout de l'Isle, précisément sur le Port.

Les *Caprajois* sont forts & robustes, tous marins, & reputés pour les meilleurs Matelots de cette partie du Monde. Les femmes s'occupent principalement de la culture des vignes, l'Isle étant assez fertile en vins. Il y a une forte Citadelle, bâtie sur un rocher élevé, de sorte qu'elle commande la Ville & le Port. Elle est bien pourvue d'Artillerie, & les *Genois* y tenoient une Garnison. On voit encore deux autres Tours, aux deux extrémités de l'Isle: elles ont été construites plutôt pour découvrir les Corsaires *Barbaresques*, que pour défendre une Contrée si bien fortifiée par la Nature (*m*).

Au mois de *Décembre* 1766., Mr. *Paul Mattei*, de *Centuri*, qui revenoit de *France*, où il s'étoit rendu pour quelques affaires particulières, ayant mis pied à terre à *Capraja*, s'informa avec beaucoup de soin de la situation de sa Garnison, de son Port & de ses Côtes, de la disette des provisions, & du peu

(*m*) Je connois bien *Capraja*, où le mauvais tems m'obligea de relâcher à mon retour de *Corse*. J'y fus arrêté pendant six jours, & logé dans un Couvent de *Franciscains*, qui me traiterent avec toute l'hospitalité imaginable. J'employai ce tems à écrire mes remarques particulières sur l'Isle. Je les conserve & m'en amuse souvent à mes momens de loisir; mais elles n'entrent pas dans le plan de cet Ouvrage.

peu d'attention qu'on apportoit à la défense de l'Isle.

De retour en *Corse*, il proposa à *Paoli* de faire une descente à *Capraja*; & son projet ayant été tout de suite approuvé, la conduite de l'entreprise fut confiée à Mrs. *Achilles Murati*, Commandant d'*Erbalonga*, & *Jean Baptiste Ristori*, Commandant de *Furiani*, qui mirent à la voile le soir du 10 *Février* 1767., du Port de *Macinajo*, accompagnés de Mr. *Mattei*, & d'une troupe de jeunes Gentilshommes des principales Familles des Provinces de *Capo-Corso* & de *Nebbio*, en qualité de Volontaires, avec quelques *Caprajois* pour leur servir de guides.

Ils débarquerent la même nuit à *Capraja*. Aussi-tôt les Commandans *Corses* firent signifier aux habitans de l'Isle, qu'ils n'étoient point venus dans l'intention de leur nuire; mais uniquement pour les délivrer du joug des *Genois*, & leur faire partager les heureux fruits de la liberté avec les *Corses* leurs anciens amis; qu'ainsi ils espéroient qu'au lieu de leur opposer quelque résistance, ils leur feroient l'accueil le plus favorable. Sur cela un grand nombre de ces habitans se joignirent aux *Corses*, qui mirent le siège devant la Citadelle.

Les *Genois*, piqués au vif de l'action hardie de ces Insulaires, qu'ils faisoient passer pour une troupe de Rebelles, qu'une Garde *Françoise* retenoit dans le devoir, n'épargnerent ni soins, ni dépenses, dans la vue de faire échouer cette entreprise. Ils envoyerent un Armement considérable, sous
les

les ordres de Mr. *Augustino Pinello*, Personnage d'une activité & d'une valeur éprouvées, & Sénateur de *Gênes*. Le Colonel *Antonio Matra* fut aussi déaché avec un Corps de Troupes d'élite, guidé par un Forçat natif de *Capraja*. Ce Colonel fit une descente en un lieu, que les *Corses* avoient négligé, le croyant inaccessible. Tandis que *Matra* attaquoit ceux-ci par Terre, *Pinello* les battoit de la Mer en deux différens endroits, de sorte qu'ils eurent à soutenir une Action également vive & très-embarrassante. Mais, malgré tous les efforts des ennemis, *Pinello* fut repoussé, & le Détachement de *Matra* entièrement mis en déroute. La Citadelle de *Capraja* se rendit le 29 May.

Les *Corses*, par cette conquête, qui leur est d'un très-grand avantage, ont acquis une augmentation de sujets fort utiles; & sont en état de prévenir, ou du moins de rendre extrêmement difficile, la communication entre *Gênes* & ses Garnisons en *Corse*.

Mr. *Jaques Steuart* a placé les *Corses* sous un point de vûe peu favorable. ,, Ils ont, ,, (dit-il) exporté, c'est-à-dire vendu la ,, meilleure partie de leur Isle, à *Gênes*; & ,, à présent qu'ils en ont employé le prix en ,, damas & en velours, ils voudroient le re- ,, couvrer par l'usurpation des possessions des ,, *Genois*, qui après avoir payé l'Isle, en ont ,, retiré le prix par la balance de leur Com- ,, merce avec ces Insulaires (*n*) ".

Mais

(*n*) *Inquiry into the Principles of Political Oeconomy.* ,, C. à d. Recherches des Principes de l'Occonomie ,, Politique." *Liv.* II. *Chap.* 22.

MAIS, quoiqu'en dife ce refpectable Ecrivain, ce n'étoit point une balance de Commerce, mais une balance de mauvaife fortune, qui avoit affujetti la *Corfe* aux *Genois*; & prefque toutes les poffeffions des Nobles de la Republique, dans cette Ifle, ont été acquifes uniquement par la force ou par la fraude. La *Corfe* eft peut-être le feul Païs fur la furface du Globe, où le luxe n'aît jamais été introduit. Les *Genois* ne peuvent point foutenir, qu'ils s'en foient rendus maîtres par une fupériorité de Commerce; car ces Républicains ont retiré, de cette Ifle fertile, une infinité de denrées néceffaires à la vie, que leur petit Etat ne pouvoit leur fournir en quantité fuffifante.

J'AI cru devoir rectifier cette erreur, dans un Ouvrage, qui peut fournir diverfes leçons importantes aux Nations libres, & entr'autres aux braves *Corfes* eux-mêmes.

C'EST en vain que les *Genois* veulent encore faire regarder ces Infulaires comme des Rebelles. Un Ecrivain Patriote a repouffé, avec beaucoup de dignité, cette qualification odieufe. L'Extrait fuivant de fon *Apologie* terminera ma Relation de l'Ifle de *Corfe*.

„ *Rebelles!* comment n'ont-ils pas honte
„ de nous donner ce titre? à nous, qui fai-
„ fons la Guerre avec tant de modération
„ & de douceur, que notre unique étude eft
„ d'épargner le fang, les biens & l'honneur
„ de nos Concitoyens; à nous, qui ne cher-
„ chons qu'à affranchir notre Patrie de la
„ captivité la plus inique, & qui méritons
„ par-là le titre de libérateurs. Et graces à
„ DIEU,

„ Dieu, le dispensateur de tous les biens,
„ nous sommes maintenant parvenus à for-
„ mer un Gouvernement souverain, libre &
„ indépendant, avec le pouvoir de vie &
„ de mort sur tant de milliers de sujets, qui
„ le reconnoissent & qui lui obéïssent avec
„ fidélité & avec empressement; nous avons
„ successivement établi une *Rote* & des Tri-
„ bunaux; des Juges & des Magistrats; des
„ Ministres & des Exécuteurs de la Justice;
„ des Secrétaireries & des Chancelleries; des
„ Imprimeries publiques; des Loix & des
„ Statuts; des Troupes & des Finances;
„ nous possédons des Tours & des Garni-
„ sons; des Châteaux & des Prisons; des
„ Armes & des Canons, des Ports & des
„ Vaisseaux; nous absolvons & condamnons
„ par voie de procédures & de sentences;
„ nous imposons des Taxes & des Contribu-
„ tions; nous apposons nos Sceaux; nous
„ déployons nos Drapeaux; nous déclarons
„ la Guerre; nous formons des Sièges; &
„ enfin nous signons des Trêves & des Ar-
„ mistices. Ne sont-ce pas-là tout autant
„ de marques de souveraineté & de domina-
„ tion? Comment donc peuvent-ils nous
„ appeler une Nation sujette (*o*)?

(*o*) *Manifest. di Gen. Colle Rispost. di un Corf. P.* 23.

JOURNAL

D'UN

VOYAGE

DANS L'ISLE DE

CORSE;

MÉMOIRES

DE

PASCAL PAOLI.

Olim meminisse juvabit.
     Virg.

JOURNAL

D'UN

VOYAGE

DANS L'ISLE DE

CORSE.

Yant réfolu de paffer quelques années dans les Païs étrangers, pour m'inftruire & pour fatisfaire ma curiofité, je conçus le deffein de vifiter l'Ifle de *Corfe*, comme une Contrée qu'aucun autre Voyageur n'avoit encore vue, & où je trouverois ce qu'on ne voyoit point ailleurs ; un Peuple actuellement combattant pour la liberté ; une Nation, jadis pauvre, méprifée & opprimée, fe formant en un Etat floriffant & indépendant.

A mon arrivée en *Suiffe* j'allai voir Mr. *Rouffeau*, qui vivoit alors dans une agréable retraite; & fachant qu'il entretenoit quelque correfpondance avec les *Corfes*, je lui demandai une lettre de recommandation, qu'il promit de m'envoyer, lorfque je ferois prêt à en faire ufage.

Je lui écrivis donc, de *Rome*, en *Avril* 1765.,

1765., que j'avois fixé au mois de *Septembre* mon Voyage en *Corſe*, & qu'ainſi je le ſommois de ſa parole. C'eſt à quoi il ne manqua pas, &, en arrivant à *Florence*, au mois d'*Août*, j'y reçus la lettre ſuivante.

„ La criſe orageuſe où je me trouve,
„ Monſieur, depuis votre départ d'ici, m'a
„ ôté le tems de répondre à votre première
„ lettre, & me laiſſe à peine celui de ré-
„ pondre en peu de mots à la ſeconde. Pour
„ m'en tenir à ce qui preſſe pour le moment,
„ ſavoir la recommandation que vous deſi-
„ rez en *Corſe*; puiſque vous avez le deſir
„ de viſiter ces braves Inſulaires, vous pour-
„ rez vous informer à *Baſtia*, de M. *Butta-*
„ *foco*, Capitaine au Régiment *Royal Italien*;
„ il a ſa maiſon à *Veſcovado*, où il ſe tient
„ aſſez ſouvent. C'eſt un très-galant hom-
„ me, qui a des connoiſſances & de l'eſprit;
„ il ſuffira de lui montrer cette lettre, & je
„ ſuis ſûr qu'il vous recevra bien, & con-
„ tribuera à vous faire voir l'Iſle & ſes habi-
„ tans avec ſatisfaction. Si vous ne trouvez
„ pas M. *Buttafoco*, & que vous vouliez
„ aller tout droit à M. *Paſcal de Paoli*, Géné-
„ ral de la Nation, vous pouvez également
„ lui montrer cette lettre, & je ſuis ſûr,
„ connoiſſant la nobleſſe de ſon caractère,
„ que vous ſerez très-content de ſon ac-
„ cueil : vous pourrez lui dire même que
„ vous êtes aimé de Mylord *Mareſchal* d'*Ecoſ-*
„ *ſe*, & que Mylord *Mareſchal* eſt un des
„ plus zèlés partiſans de la Nation *Corſe*. Au
„ reſte, vous n'avez beſoin d'autre recomman-
„ dation, près de ces Meſſieurs, que votre
„ propre

,, propre mérite, la Nation *Corſe* étant natu-
,, rellement ſi accueillante & ſi hoſpitalière,
,, que tous les étrangers y ſont bien venus
,, & careſſés.

,, Bons & heureux voyages, ſanté, gaieté
,, & promt retour. Je vous embraſſe, Mon-
,, ſieur, de tout mon cœur ".

J. J. ROUSSEAU.

MUNI de cette lettre de créance, j'étois impatient de me voir auprès de l'illuſtre Chef des *Corſes*; mais on me faiſoit des portraits ſi desavantageux de ces Peuples, & des dangers auxquels j'allois m'expoſer parmi eux, que j'eus beſoin de tout mon courage pour ne point abandonner le projet de mon Voyage. On doit être ſurpris que, dans le voiſinage de la *Corſe*, & même à *Livourne*, j'aye rencontré tant de perſonnes ſi peu inſtruites du véritable état de cette Iſle. Cependant j'étois raſſuré par le Comte *Rivarola*, Conſul de *Sardaigne*, & *Corſe* d'origine, qui me donna des lettres de recommandation pour pluſieurs de ſes Compatriotes.

JE m'embarquai à *Livourne*, à bord d'un Bâtiment *Toſcan*, qui devoit charger des vins au *Capo-Corſo*, aimant mieux paſſer ſur le territoire de la Nation, que de me rendre à *Baſtia*, dans la crainte que les *François* ne me permiſſent point d'aller juſqu'à *Paoli*, qui étoit le principal objet de mon Voyage. Quoiqu'un jour ſuffiſe ordinairement au trajet de *Livourne* en *Corſe*, le calme étoit ſi grand, que nous y employâmes deux jours; le premier me parut fort long & ennuieux; mais pen-

pendant le second, je m'amusai davantage. Je liai connoissance avec deux ou trois *Corses*, dont l'un jouoit très-bien du cistre. Ces honnêtes Insulaires, se croyant obligés de donner une leçon de morale à un jeune Voyageur qui sortoit de l'*Italie*, m'assurerent, que je serois traité avec beaucoup d'humanité dans leur Païs; mais que si je m'avisois de vouloir débaucher quelqu'une de leurs femmes, je pouvois compter qu'il m'en couteroit la vie.

Sur les sept heures du soir nous entrâmes heureusement dans le Port de *Centuri*. J'y appris que M. *Giaccomini*, à qui le Comte *Rivarola* m'avoit recommandé, étoit mort depuis peu de tems. Il avoit fait une belle fortune aux *Indes Orientales*, & son zèle pour la cause de la liberté s'étoit toujours signalé jusques dans ses dernières dispositions. On m'adressa à M. *Antoine Antonetti*, son Cousin, qui demeuroit à *Morsiglia*, environ à un mile dans les terres.

La vue des montagnes couvertes de vignobles & de plants d'oliviers, fit sur moi l'impression la plus délicieuse. L'odeur suave & balsamique qu'exhaloient les buissons & les végétaux de cette Contrée, remplissoit l'air d'un parfum agréable. A mesure que j'avançois, je voyois, de distance en distance, sortir, avec une étonnante vivacité, des Paysans *Corses* de leurs cabanes, tous le fusil à la main, ce qui les a fait prendre à d'autres pour des Assassins. Mon Conducteur étoit armé de même, & si j'eusse été d'un naturel timide, il auroit pu me causer la plus vive inquiétude; mais nous étions fort

fort bons amis. A l'approche de la nuit, je me rappellai ces deux beaux vers de l'*Ariofte* (a).

Mr *Antonetti*, à qui je préfentai la lettre adreſſée à fon défunt Coufin, l'ayant lue, me reçut avec une cordialité fans afféterie, me priant d'agréer la mauvaife chère qu'il m'offroit, en faveur de fes bonnes intentions. Je fus furpris de trouver fa maifon fort bien meublée, & ornée d'eftampes, ainfi que de quelques copies de Tableaux fameux, & entr'autres d'une petite du *St. Michel* combattant le Dragon, d'après *Raphaël*, qu'il étoit toujours très-rare de voir là, quoique le travail n'en fût que médiocre. Mon nouvel hôte me donna un fouper excellent, mais frugal, & un très-bon lit. Il me parla avec beaucoup d'énergie de la caufe de la Patrie, & avec une grande vénération du Général. J'étois à mon aife, & je me félicitois de cet heureux début de mon Voyage.

Le lendemain, qui étoit un Dimanche, il fit une groſſe pluye; & je dois obferver que les *Corfes*, avec toute leur intrépidité, ont une peur extrême du mauvais tems. L'un d'eux m'en donna une raifon plaifante, mais fort jufte: ,, Mr., (me dit-il) fi vous étiez ,, auffi pauvre qu'un *Corfe*, & que vous ,, n'euffiez qu'un habit, vous craindriez de ,, le mouiller, parceque vous n'en auriez ,, point de fec à mettre ". Mr. *Antonetti* ne vou-

---

(*a*) E pur per felve ofcure e calli obliqui
Infieme van, fenza fofpetto averfi.
Ariost. *Canto* I.

vouloit pas me laiſſer ſortir pendant qu'il pleuvoit; „ car, (diſoit-il) quand on ſe „ trouve dehors, patience ; mais s'expoſer „ de gaieté de cœur, c'en eſt trop (*b*) ". Lorſque la pluye eut un peu ceſſé, j'accompagnai M. *Antonetti* & ſa famille à la Meſſe dans l'Egliſe de la Paroiſſe ; c'eſt un petit Bâtiment, aſſez propre, à environ un demi quart de mile de ſa maiſon.

Le Curé, qui devoit nous prêcher, & que j'étois fort curieux d'entendre, s'en acquitta très-bien. Il avoit pris ſon texte au *Pſeaume* LV. verſ. 16. „ Ils deſcendent „ tout vifs dans la foſſe ". Après avoir fait ſes efforts pour toucher ſes auditeurs, par une vive deſcription des horreurs de l'enfer, il ajouta: „ Ste. *Catherine* de *Sienne* ſouhaitoit „ d'être miſe à l'ouverture même de cette „ foſſe redoutable, pour qu'elle pût la bou„ cher ſi bien, qu'aucune ame malheureuſe „ n'y tombât plus. J'avoue, mes Frères, „ que je n'ai pas le zèle de Ste. *Catherine*; „ mais je fais ce que je puis ; & je vous aver„ tis de quelle façon vous devez éviter cette „ foſſe ". Il termina ſon diſcours par quelques bons avis de pratique.

Le tems s'étant tout-à-fait remis au beau, je pris congé de mon digne hôte, qui me donna une lettre pour M. *Damiano Tomaſi*, Père de la Commune de *Pino*, le premier Village qui ſe rencontre ſur cette route, la plus
rude

(*b*) Quando ſi trova fuori, patienza; ma di andare fuori, è cattivo.

rude que j'aye vu de ma vie. Il falloit abfolument gravir la cime d'un rocher, pendant au deſſus de la Mer, par un ſentier qui, en quelques endroits, n'avoit pas plus d'un pied de large. J'avois pris un homme avec moi, & loué un âne pour porter mon bagage; mais, craignant que l'animal ne me retardât, j'engageai mon Conducteur à ſe charger luimême de mon porte-manteau & de mes autres effets. Si j'avois formé mon opinion de la *Corſe* ſur cet aſpect, j'aurois pu être d'une auſſi mauvaiſe humeur que le fut *Seneque*, dont les réflexions en proſe ne ſont pas inférieures à ſes Epigrammes (*c*).

En arrivant à *Pino* je fus ſurpris de me voir aborder par quelques jeunes gaillards, habillés en matelots *Anglois*, & parlant aſſez bien notre langue; ils l'avoient appriſe à *Livourne*, où ils trafiquoient leurs denrées, & en rapportoient d'autres en échange.

Mr. *Tomaſi* me fit l'accueil le plus gracieux. Ce n'eſt que dans les Villes, où il y a garniſon, que l'on trouve des hôtelleries. On en chercheroit inutilement ailleurs: Je n'en rencontrai qu'une ſeule à environ huit miles de *Corte*. Avant que je fûſſe accoutumé à l'hoſpitalité *Corſe*, je m'oubliois quelquefois, & m'imaginois être dans une maiſon publique; je commandois ce dont j'avois beſoin, de ce ton qu'on prend avec les valets d'une auberge. C'eſt ce que je fis à *Pino*, en ordonnant pluſieurs choſes à la fois.

L'Epouſe

(*c*) *Seneca de Conſolatione.*

L'Epoufe de M. *Tomafi*, qui s'apperçut de mon erreur, me regardant en face, me dit, en fouriant, avec beaucoup de tranquillité, & de la meilleure grace du monde: „ Mon„ fieur, les chofes fe font l'une après l'au„ tre (*d*) ".

Sans m'arrêter à rapporter les circonftances particulières de chaque jour, je continuai un Voyage très-curieux, la plupart du tems à pied, & accompagné de deux femmes vigoureufes, qui portoient mon bagage fur leurs têtes. Chaque fois que je me préparois à partir d'un Village pour me rendre dans un autre, je ne pouvois m'empêcher de rire, en voyant les bonnes gens du lieu empreffés à mettre toutes mes hardes en ordre, & les entendant appeller *le Donne, le Donne:* „ Les Femmes, les Femmes, " pour les charger de mes effets. Je logeois tantôt dans des Maifons particulières, tantôt dans des Couvens, & toujours bien recommandé d'un endroit à l'autre. Le premier Couvent, où j'eus mon gîte, fut celui de *Canari*, qui me parut d'abord un peu étrange; mais j'appris bientôt à me conformer à la manière fimple dont vivent fes pieux habitans.

A *Patrimonio*, fiège d'une Magiftrature Provinciale, je fus très-bien traité par le Chef-Jure, qui y faifoit fa demeure. A mon arrivée, le Capitaine de la garde m'ayant demandé mon nom, & apprenant que j'étois *Anglois*, me regarda d'un air férieux,

───────────

(*d*) Una cofa dopo un altra, Signore.

rieux, & me dit d'un ton de regret, mêlé de reproche: ,, Les *Anglois* ont été autre-,, fois nos amis; mais ils ne le font plus (*e*) ''. Je fouffris pour ma Patrie, & me fentis humilié devant cet honnête Soldat.

A *Oletta* je vifitai le Comte *Nicolas Rivarola*, frère de mon ami de *Livourne*. Il me reçut avec la plus grande politeffe, & n'épargna rien de ce qui étoit en fon pouvoir pour m'obliger. Je le trouvai dans de meilleures difpofitions que l'Officier de *Patrimonio* à l'égard des *Anglois*. Il me parla de leur bombardement de *San-Fiorenzo*, en faveur des Patriotes, & me donna fon cheval, pour cette après-dinée, ce qu'il n'auroit pas fait, me dit-il, à tout autre qu'à un *Anglois*.

Quand j'arrivai à *Morato*, j'eus le plaifir d'y faire la connoiffance de M. *Barbaggi*, homme d'une belle éducation & d'un grand jugement. La Monnoie du Royaume étant chez lui, je me procurai des échantillons de toutes les différentes efpèces, tant d'Argent que de Cuivre, & l'on me dit qu'on efpéroit de frapper quelques piéces d'Or, dans une couple d'années. Comme l'on reparoit la Maifon de M. *Barbaggi*, je fus logé au Couvent; mais le matin je retournai auprès de lui pour déjeuner, & prendre le chocolat; ce qui fut fuivi d'un diner, où il n'y eut pas moins de douze plats, bien apprêtés, fervis en Porcelaine de *Saxe*, avec un deffert,

---

(*e*) Inglefe! v'erano i noftri amici; mà non lo fono più.

fert ; l'on y but plufieurs fortes de vins, &
une certaine liqueur ; le tout étoit des productions de l'Ifle. M. *Barbaggi* me répétoit
à chaque inftant, que les Corfes habitoient un
Païs rude & inculte, & qu'ils vivoient à la
manière des *Spartiates*. Je le priai de me
dire quel Païs pourroit offrir un plus grand
luxe, que celui que j'avois vû dans fa Maifon ; ajoutant que je ne manquerois pas de
raconter par-tout quelles tables tenoient les
Corfes, malgré leurs prétenfions à la pauvreté
& à la tempérance. Il fe dit là-deffus beaucoup de plaifanteries. L'Epoufe de M. *Barbaggi*, nièce du Général *Paoli*, me parut une
Dame fort aimable, quoique très-réfervée.

Depuis *Morato* jufqu'à *Corte*, j'eus à traverfer un Païs rempli de montagnes & de
rochers, entrecoupé par des vallons affez
larges. Je louois quelquefois des chevaux,
mais le plus fouvent des mulets, ou des ânes,
pour moi & pour mon domeftique. Nous
n'avions point de brides, & il nous falloit
attacher des cordes au col de ces animaux,
pour les gouverner le mieux qu'il nous étoit
poffible.

A *Corte*, j'allai rendre mes devoirs au fupréme Confeil, fous les aufpices de Mr. *Boccociampe*, l'un de fes Membres, pour qui M.
Barbaggi m'avoit donné une lettre. Je fus
reçu fort poliment, & conduit au Couvent
des *Francifcains*, où j'occupai l'appartement
de *Paoli*, qui fe trouvoit à quelques journées
de là, de l'autre côté des Montagnes, tenant le Syndicat, en un Village nommé
Sollacaro. Comme le Général réfidoit depuis
quel-

quelque tems en ce Couvent, les Pères faisoient une plus belle figure que tous ceux que j'avois vus, jusques là, dans l'Isle. Je ne puis assez reconnoître les soins qu'on y prit de moi, principalement le Prieur, brave Religieux, qui avoit servi auparavant dans l'Armée, ainsi que le Père *Giulo*, homme d'esprit & de génie, qui m'honore encore de sa correspondance.

Ces Pères ont un bon vignoble, un très-beau jardin, & 30 à 40 ruches d'abeilles, dans de longs caissons de bois, ou troncs d'arbres, couverts d'écorce de liège. Quand ils veulent avoir du miel, ils brulent un morceau de génévrier, dont la fumée fait sortir les abeilles. Ensuite, avec une espèce de racloir de fer, ils tirent la plus grande partie du miel, sans jamais tuer aucune de ces mouches, qui reparent bientôt leur perte. Ces Religieux paroissoient être fort à leur aise, vivant en paix & dans l'abondance. Je les badinois souvent, en répétant le proverbe qu'on a appliqué à leur Ordre : *Nihil habentes & omnia possidentes.* ,, Ils n'ont rien & possè-,, dent toutes choses ".

Je les accompagnai au chœur, où le service se fit avec beaucoup d'ordre. Le Père *Giulio* touchoit l'orgue. Sur le grand Autel de leur Chapelle se voit un Tabernacle sculpé en bois, par un Religieux, & d'un travail exquis. Un Noble *Genois* leur en a offert un d'argent en échange, mais ils n'ont pas voulu l'accepter. La Bibliothèque de ces Pères ne mérite aucune attention. Le Couvent est vaste & bien bâti. Je cherchai

chai avec foin fi je n'y découvrirois point quelques Infcriptions; mais la feule que j'y trouvai étoit en un lieu, & pour un ufage, qui me la fit paroître fort comique (*f*).

PENDANT le féjour que je fis à *Corte* (*g*) pour me délaffer de mes fatigues, & pour voir tout ce qu'offre de curieux cette Capitale de la *Corfe*, je reçus beaucoup de civilités de la part de M. *Boccociampe*, & de M. *Maffefi*, Grand-Chancelier, dont le fils, *Signor Luiggi*, jeune homme d'une grande vivacité, & naturellement fort poli, voulut bien fe charger de me conduire. Je l'appellois mon Gouverneur; & je lui plaifois beaucoup, parceque n'étant jamais forti de l'Ifle, fes idées étoient entièrement *Corfes*.

LES Membres du fuprême Confeil, qui étoient alors en réfidence à *Corte*, me parurent être des Perfonnages d'un jugement folide, d'une grande pénétration, pleins de capacité, très-propres à tous égards à feconder le Général dans fes vaftes projets de reforme à l'avantage de la Patrie.

L'UNIVERSITÉ ne fiégeant point alors, je n'en pûs voir que les appartemens, qui me furent montrés par l'Abbé *Valentini*, Procurateur de cette Compagnie. Tous les Profeffeurs étoient abfens, à l'exception d'un Père *Capucin*, que je vifitai dàns fon Couvent;

c'eft

(*f*) Sine neceffitate huc non intrate,
 Quia neceffaria fumus.

(*g*) Le lendemain de mon arrivée 3. Déferteurs *François* vinrent m'offrir leurs fervices, me prenant pour un Enrolleur *Ecoffois*.

c'eſt un aſſez bon édifice, où l'on trouve une nombreuſe collection de Livres, & l'on voit auſſi, dans la Chapelle, un Tabernacle ſculpé en bois, mais fort inférieur à celui des *Franciſcains*.

Je montai au Château de *Corte*, dont le Commandant me fit voir fort obligeamment tout l'intérieur. Il y avoit, dans les cachots, 3 Criminels; c'étoit un homme, coupable du meurtre de ſa femme; puis une Dame mariée, & enfin l'un de ſes domeſtiques, qu'elle avoit gagné pour étrangler une autre femme, dont elle étoit jalouſe. On les amena devant moi à ma demande, & ayant interrogé les deux Aſſaſſins ſur ce qui les avoit portés à commettre une action ſi barbare, le premier, qui avoit l'air ſtupide & farouche, me répondit, ,, que c'étoit à l'inſtiga- ,, tion du Démon"; & le ſecond, ,, que ſon ,, bon eſprit l'avoit abandonné". Ce dernier avoit d'abord chargé, & enſuite diſculpé ſa Maitreſſe; mais, appliqué à la torture, il étoit revenu à ſa première accuſation, que la Dame nioit avec beaucoup de fermeté & d'arrogance, me diſant, ,, qu'on pouvoit for- ,, cer ce miſérable à déclarer tout ce qu'on ,, voudroit".

Le Bourreau de *Corſe* étoit une grande curioſité, parceque l'horreur qu'il inſpire ne lui permet pas de ſe montrer en public, & qu'il eſt obligé de ſe tenir au Château, où il occupe un petit coin du Dongeon, avec un mauvais lit, & un peu de feu, pour préparer ſes alimens, perſonne ne voulant communiquer avec lui. J'allai le voir; mais de

ma

ma vie je n'ai été frappé d'un plus triste, ni d'un plus revoltant spectacle. Il me parut sensible à sa situation, & baissa les yeux comme s'il eût eu honte de lui même.

On avoit été long-tems avant de pouvoir se procurer un Bourreau en *Corse*; de sorte qu'on y connoissoit à peine le supplice de la corde, tous les criminels étant arquebusés. A la fin celui que je vis, & qui etoit *Sicilien*, ayant eu quelque message à faire à *Paoli*, ce Général, qui a un talent merveilleux pour la physionomie, ne l'eût pas plutôt apperçu, qu'il dit à quelques personnes, qui se trouvoient auprès de lui : *Ecco il boia*. ,, Voilà notre Bourreau ". Il ordonna qu'on lui en offrît l'office, à quoi le *Sicilien* répondit que son grand père, son père, & lui même l'ayant exercé, il consentoit à en continuer les fonctions. Sur cela il fut immédiatement établi dans son poste; & la mort ignominieuse, infligée par ses mains, a fait plus d'impression, & produit plus d'effet, que vingt exécutions par les armes.

Quand j'eus satisfait ma curiosité à *Corte*, je me préparai pour mon Voyage auprès de *Paoli*, au-delà des Monts. La veille de mon départ je me rappellai que j'avois oublié de me pourvoir d'un passeport ; précaution neanmoins fort nécessaire, dans la situation actuelle de la *Corse*. Ainsi, dès que j'eus soupé, je me rendis, avec le Prieur, à *Corte*, chez le Grand-Chancelier, qui donna ses ordres pour que le passeport me fût expédié tout de suite, & me lut, en attendant, quelques minutes de la Consulte générale. Lorsque le
Secre-

Sécretaire eût fini d'écrire le paſſeport, le Grand-Chancelier commanda à un enfant, qui jouoit auprès de nous dans la chambre, d'aller inceſſamment demander à ſa mère le grand Sceau du Royaume: circonſtance qui me plut beaucoup par ſa ſimplicité charmante. Je crus me trouver dans la maiſon d'un autre *Cincinnatus*.

LE lendemain matin je me mis en route, bien en ordre, avec de bons mulets & des guides vigoureux. Les dignes Pères du Couvent, non contens de m'avoir traité de la manière la plus civile, pendant que j'avois été chez eux, voulurent encore me donner quelques proviſions pour le voyage. Ils remplirent une gourde de leur meilleur vin, & y ajouterent des grenades délicieuſes. Mes guides *Corſes* étoient de ſi belle humeur, que je deſcendois ſouvent de mon mulet pour marcher avec eux, imitant tout ce que je leur voyois faire. Quand l'appétit nous venoit, nous abattions, à coups de pierres, des châtaignes, dont nous garniſſions nos poches, & que nous mangions avec goût chemin faiſant ; ſi la ſoif nous prenoit, nous l'étanchions au bord de quelque ruiſſeau, à la façon des premiers hommes (*h*), qui couroient dans les forêts, mangeant des glands, & buvant de l'eau.

M'ÉTANT arrêté pour rafraîchir mes mulets en un petit Village, les habitans, qui me prirent pour un Ambaſſadeur allant auprès de leur Général, s'attrouperent autour de moi ;

(*h*) Priſca gens mortalium.

M

moi, & lorsqu'ils furent informés de ma Patrie, un grand Rustaut bazanné dit fort gravement à ses Compagnons, ,, que les *Anglois* ,, étoient des barbares, qui ne croyoient ,, point en DIEU ". Pardonnez moi, Mr., lui répondis je, nous croyons en DIEU & en *Jesus-Christ*. Et au Pape? reprit-il; Non, ajoutai je: Et pourquoi? me demanda-t'il encore. C'étoit-là une question fort embarrassante dans ces circonstances, & il auroit été dangereux d'entamer une controverse ordinaire devant tout ce Peuple. Je m'avisai, pour l'éluder, de lui repartir dans le plus grand sérieux: ,, Parceque nous en sommes ,, trop éloignés"; argument bien nouveau contre l'infaillibilité universelle du Pape. Il réussit cependant; car après que mon Antagoniste m'eût objecté la *Sicile*, & que je lui eûs repliqué que l'*Angleterre* étoit dix fois plus éloignée que cette Isle, il parut satisfait, &, de cette façon, je me tirai mieux d'affaire, que si j'eûsse employé les profonds raisonnemens de nos Théologiens Protestans.

MON voyage, à travers les montagnes, étoit fort agréable. J'en passai quelques chaines immenses, & de vastes forêts. Je jouïssois d'une santé vigoureuse, & j'étois animé d'un courage, qui me rendoit propre à entrer pleinement dans les idées des hommes braves & rustiques, que je rencontrois de toutes parts.

A *Bastelica*, où l'on trouve un Peuple fier & belliqueux, j'eûs une nombreuse compagnie au Couvent où j'étois descendu. Ces habitans me parurent naturellement francs & sincè-

sincères. Ils entroient, faisant leur revérence d'un air libre, ils se plaçoient autour de l'appartement où j'étois assis, & s'appuyant sur leurs fusils, ils commençoient tout de suite la conversation avec moi. Ils m'exposoient d'un ton fort pathétique les calamités que leur Patrie avoit eu à souffrir, & l'état de pauvreté dans lequel ils se voyoient encore réduits. J'étois, par hazard, ce jour-là, plus éloquent que d'ordinaire; & comme on est moins timide parmi des étrangers dans une Contrée éloignée, qu'en Païs de connoissance, je haranguai les habitans de *Bastelica* avec une grande volubilité de langue. J'exaltai la bravoure à la faveur de laquelle les *Corses* avoient recouvré la liberté, le plus précieux de tous les biens, & s'étoient acquis une gloire infinie par toute l'*Europe*. J'ajoutai, qu'ils pouvoient remédier à leur pauvreté, en s'appliquant à l'Agriculture & au Commerce; mais je les priai de se souvenir, qu'ils étoient bien plus heureux dans leur situation présente, qu'ils ne le seroient dans un état de rafinement & de vice; & qu'ils devoient sur-tout se préserver soigneusement de l'infection du luxe. J'eus le bonheur de les toucher par mes exhortations, & plusieurs d'entr'eux répéterent les mêmes sentimens beaucoup mieux que je ne pouvois le faire. Ils m'exprimerent tous leur attachement inviolable pour *Paoli*, & s'écrierent d'une commune voix, qu'ils étoient entiérement à ses ordres. J'aurois pû faire un long & agréable séjour en cet endroit, si le tems me l'eût permis.

A *Ornano* je vis les ruines de l'ancienne réfidence du grand *Sampiero*; & j'entrai dans un Couvent de Moines gaillards, dont l'un, apprenant que j'étois *Anglois*, me dit en riant; ,, Ha! ha! c'eſt, comme l'a fort bien remar- ,, qué un revérend Evêque, parlant de votre ,, prétendue Reformation, *Angli olim Angeli* ,, *nunc Diaboli*": (Les *Anglois* étoient autrefois des Anges; mais ils font à préfent des Diables.) Je pris ce compliment pour une honnête effuſion de zèle ſpirituël. Ces Pères eurent d'ailleurs grand foin de moi dans le temporel.

LORSQU'ENFIN je parvins à la vue de *Sollacarò*, où étoit *Paoli*, je fus faifi d'une émotion ſi grande, que j'aurois prefque fouhaité de rebrouſſer chemin fans le voir, tant la haute idée que je m'étois formée de ſes qualités furnaturelles, & la crainte de refter muet en fa préſence, m'agitoient l'eſprit. Ces inquiétudes ne m'abandonnerent que lorſque j'eûs traverſé le Village, & que je me trouvai devant la Maiſon où logeoit le Général. Ayant paſſé les gardes, je m'adreſſai à quelques-uns de ſes gens, qui me conduiſirent dans une antichambre, où pluſieurs Gentilshommes étoient aſſemblés. Mr. *Boccociampe* avoit déja annoncé mon arrivée. On m'introduiſit dans l'appartement de *Paoli*, qui étoit feul, & je fus frappé de ſon air. Il eſt grand, robuſte & très-bien fait; la candeur & la nobleſſe ſont peintes ſur ſon front. Il étoit alors dans ſa quarantième année, & portoit un habit verd galonné en or. Auparavant on ne lui voyoit que le vêtement commun

mun des *Corſes*; mais à l'arrivée des *François* il avoit jugé qu'un peu d'élégance dans l'extérieur, pourroit ſervir à rendre le Gouvernement plus reſpectable.

IL me demanda en quoi il pouvoit m'être utile. Je lui préſentai une lettre du Comte *Rivarola*, & après qu'il en eût fait la lecture, je lui montrai celle que Mr. *Rouſſeau* m'avoit écrite. Il étoit poli, mais fort réſervé. J'avois paru devant pluſieurs Princes, ſans que j'euſſe jamais ſubi un examen auſſi rigoureux. J'ai déja fait remarquer que *Paoli* eſt grand phiſionomiſte. La néceſſité de ſe tenir en garde contre les attentats auxquels il eſt continuellement expoſé, lui a fait prendre l'habitude d'obſerver avec ſoin tout nouveau viſage. Nous nous promenâmes environ dix minutes dans la chambre, & preſque ſans parler: il me fixoit attentivement, & ſembloit chercher à deviner ce qui ſe paſſoit dans mon ame.

CETTE entrevue fut d'abord fort pénible pour moi; mais enſuite il me mit à mon aiſe, par l'air ouvert & plein de bonté qu'il prit en m'adreſſant la parole. Après m'être annoncé à lui ſur le pied d'un Voyageur curieux, j'ajoutai; ,,que je venois d'obſerver,
,, à *Rome*, les ruines d'un Peuple jadis cou-
,, rageux & libre; & que je voyois à préſent
,, la naiſſance d'un autre Peuple, qui, gra-
,, ces à ſes ſoins, promettoit d'être plus va-
,, leureux encore que les anciens *Romains*,
,, & ſur-tout plus indépendant". Il me remercia de l'idée que j'avois de lui & de ſes Inſulaires: ,,Il n'eſt pas poſſible, (dit-il,) que
,, jamais

„ jamais les *Corſes* forment, comme les anti-
„ ques *Romains*, une grande Nation conqué-
„ rante, qui étende ſon Empire ſur la moitié
„ du Globe; leur ſituation, & la Politique
„ moderne des Etats *Européans* ne permet-
„ tent pas même d'en avoir l'idée; mais la
„ *Corſe* peut devenir un Païs très-heureux".

Quelques-uns des Nobles étant entrés, on vint nous avertir qu'on avoit ſervi; *Paoli* me retint à dîner; il me fit l'honneur de me placer à côté de lui; ſa table étoit de 15. à 16. couverts; il y en a chaque jour autant, ce Général ayant ſoin d'inviter tour-à-tour les principaux Seigneurs de l'Iſle. Son Cuiſinier, qui étoit *Italien*, avoit paſſé pluſieurs années en *France*; mais *Paoli* préfere un petit nombre de bons plats à l'abondance des mêts délicieux, & il ne boit point de vins étrangers.

Je me trouvois un peu embarraſſé dans ce cercle de Héros. Le Général, qui, avant le dîné, ne m'avoit parlé que *François*, ſe ſervit, pendant le repas, de la langue *Italienne*, dans laquelle il eſt fort éloquent; il me donna, ſans affectation, des preuves de ſa profonde érudition, de la grande connoiſſance qu'il a de l'Hiſtoire, & de ſon goût pour la Littérature. Sa converſation à table étoit à la fois inſtructive & agréable. Au ſortir de table nous paſſâmes dans un autre appartement pour prendre le caffé. Ma timidité ceſſa, & je ne m'occupai plus qu'à écouter l'illuſtre Commandant de la Nation *Corſe*.

Il me recommanda aux ſoins de l'Abbé *Roſ-*

Roſtini, qui avoit paſſé pluſieurs années en France. Mr. *Colonna*, Seigneur du Fief de *Sollacarò*, étant abſent, ſa Maiſon me fut aſſignée, pour y loger. Je fus abandonné à moi-meme juſqu'au ſoir, que je retournai ſouper avec le Général; je profitois de plus en plus de ſa converſation, ainſi que de la ſociété des Gentilshommes qui étoient auprès de lui, & dont je fis ſucceſſivement la connoiſſance.

CHAQUE jour je me ſentois plus heureux. On me donna des marques particulières d'attention comme à un ſujet de la *Grande-Brétagne*. Les relations, qui en paſſerent en *Italie*, confirmèrent les conjectures qu'on y avoit faites, à mon départ de *Livourne*, que j'étois réellement un Envoyé d'*Angleterre*. Le matin on me ſervoit le chocolat ſur une ſoucoupe d'argent aux armes de la *Corſe*. Je dinois & je ſoupois conſtamment chez le Général. Je recevois des viſites de toute la Nobleſſe, & lorſque je voulois faire un tour de promenade, j'avois une garde à mes côtés. Je priai le Général de me traiter avec moins de cérémonie; mais il inſiſta, ſans que je pûſſe m'en défendre. Je montois ſon propre cheval, avec une riche houſſe de velours cramoiſi, à large galons d'or; en un mot je paſſois mon tems le plus agréablement du monde. Je jouïſſois d'une eſpéce de volupté de ſentiment noble. *Paoli* devenoit de jour en jour plus affable envers moi; tandis que je me faiſois mieux connoître à lui; j'oubliois la grande diſtance qu'il y avoit entre nous, & chaque jour j'avois avec lui quelques heures de converfation familière. J'ai tenu un Journal exact de mes obfervations; mais ce qu'il offre de plus digne de l'attention de mes Lecteurs, c'eft furement les mémoires & les dits remarquables de *Paoli*, que je me fais gloire de rapporter.

En parlant de la Guerre de *Corfe*: „Vous „ verrez, (me dit-il,) que fi l'évènement nous „ eft favorable, on ne manquera pas de nous „ honorer en *Europe* du nom de généreux dé„ fenfeurs de la liberté; mais que s'il nous „ eft contraire, nous ne ferons plus regar„ dés que comme une troupe de Rebelles „ puniffables ".

Quelques *François* lui ayant objecté que la Nation *Corfe* n'avoit point de Troupes règlées: „ Nous n'en voulons pas, (répon„ dit-il,) parceque nous n'aurions alors que „ la bravoure de tel ou de tel Régiment; au „ lieu que maintenant chaque *Corfe* vaut feul „ un Régiment par fa bravoure. Si l'on vou„ loit former les *Corfes* en Troupes règlées, „ dès ce moment nous perdrions cette va„ leur perfonnelle, qui a produit parmi nous „ des actions fi héroïques, & qui ailleurs „ euffent fuffi à élever un Militaire aux gra„ des les plus diftingués ".

Comment eft-il poffible, lui demandai-je un jour, que vous foyez fi fort au-deffus de tout intérêt perfonnel? „ Moi, au-deffus, „ bon Dieu! (répondit-il,) vous me connoif„ fez peu; l'intérêt perfonnel qui me do„ mine eft de me faire un nom. Je fçais „ que le Citoyen, qui fait du bien à fa Pa„ trie, acquiert de la réputation, ou, fi vous
vou-

,, voulez, de la célébrité, & je me flatte d'en
,, acquérir. Cependant fi je pouvois feule-
,, ment rendre ce Peuple heureux, je con-
,, fentirois de bon cœur à être éternellement
,, oublié. J'ai un orgueil inexprimable (*una*
,, *fuperbia indicibile.*) L'approbation de mon
,, cœur me fuffit, & me tient lieu d'éloges
,, & de célébrité".

UNE autre fois *Paoli* me difant que ce feroit pour lui une fatisfaction bien douce, que celle de voyager & de jouïr de la fociété des Savans de tous les Païs: Pourquoi, lui demandai-je, avec un tel defir, avez-vous confenti à vous renfermer dans cette Ifle inculte encore & peu civilifée? Pourquoi avez-vous préféré aux foirées attiques (*i*), dont vous euffiez pu jouïr, les foins perpétuels auxquels vous vous livrez, & les dangers qui vous environnent fans ceffe? Il me répondit ingénieufement par ce vers de VIRGILE:

Vincet amor patriae laudumque immenfa cupido;

qu'il prononça, à l'*Italienne*, avec une grace & une dignité admirables. J'aurois fouhaité d'avoir une ftatue de *Paoli* copiée dans ce moment.

JE lui demandai s'il entendoit l'*Anglois*; & tout de fuite il commença à me parler en cette langue; il l'avoit apprife à *Naples*, de quelques Officiers *Irlandois* de fa connoiffance, qui étoient au fervice de cette Cour; mais comme il n'avoit pas eu occafion de s'en fervir depuis dix ans, il avoit de la peine à s'exprimer, faute de pratique mécanique,
quoi-

(*i*) Noctes coenaeque Deûm.

quoiqu'on pût bien remarquer qu'il poffédoit les termes. Il me fit voir fa Bibliothèque *Angloife*, qui ne fignifioit pas grand' chofe. Je lui promis quelques-uns de nos meilleurs Ouvrages, &, depuis mon retour, je me fuis acquitté de ma parole.

J'eus lieu de me convaincre de la connoiffance qu'il a de notre langue; car ayant pris la liberté de lui préfenter un Mémoire, que j'avois formé fur les avantages que la *Grande-Bretagne* pourroit retirer d'une Alliance avec la *Corfe*, il le traduifit en *Italien* avec la plus grande facilité. Il m'a donné depuis d'autres preuves de cette connoiffance par fes réponfes aux Lettres que j'ai eu l'honneur de lui écrire en *Anglois*, & en particulier par une critique judicieufe & ingénieufe de quelques Ouvrages de *Swift*.

Je le trouvai fort bien inftruit de l'Hiftoire de la *Grande-Brétagne*. Il avoit lu plufieurs de nos Difputes Parlementaires, & même diverfes feuilles du *North-Briton*. En un mot il me parut très-au fait de tout ce qui regarde notre Patrie; il rapportoit fouvent des anecdotes, & faifoit des comparaifons & des allufions, toutes relatives à l'*Angleterre*.

„ Mon grand objet, (me dit-il) eft de for-
„ mer les *Corfes*, & de leur procurer une
„ conftitution affez vigoureufe, pour qu'ils
„ puiffent fubfifter fans moi. Notre Etat
„ eft jeune encore, & ne peut fe paffer de
„ lifières. Je voudrois qu'il pût marcher tout
„ feul, & j'efpère que celà viendra bientôt.
„ Auffi lorfque les *Corfes* me demandent qui
„ ils éliront pour leurs Pères de la Commu-
„ ne,

,, ne, ou autres Magistrats, je leur réponds
,, qu'ils connoissent mieux que moi les plus
,, capables & les plus honnêtes hommes d'en-
,, tre leurs voisins. Je leur recommande de
,, considérer les conséquences de leur choix,
,, non-seulement par rapport à eux-mêmes
,, en particulier, mais encore par rapport à
,, l'Isle en général. De cette manière je les
,, accoutume à sentir leur propre importan-
,, ce, comme Membres de l'Etat ".

Apres m'avoir représenté l'état misérable d'oppression, sous lequel la *Corse* avoit gémi si long-tems: ,, Nous sommes, (ajouta-t'il)
,, à l'égard de notre Patrie, comme le Pro-
,, phète *Elisée* étendu sur l'enfant mort de la
,, *Sunamite*, yeux contre yeux, nez contre
,, nez, bouche contre bouche. Elle com-
,, mence à recouvrer de la chaleur, & à re-
,, vivre. J'espère qu'elle regagnera encore
,, une santé & une vigueur parfaites ".

Comme je lui dis là-dessus qu'on devoit s'attendre à voir bientôt la *Corse* faire de rapides progrès dans les Arts & les Sciences:
,, Un peu de patience, Mr., (me repliqua-t'il)
,, figurez-vous un homme, qui vient de sou-
,, tenir un violent combat, qui a été griéve-
,, ment blessé & jetté à terre, & qui ne peut
,, se relever qu'avec beaucoup de peine; il
,, ne seroit pas raisonnable d'exiger de lui
,, qu'il eût ses cheveux bien accommodés,
,, & qu'il parût vêtu d'habits brodés: La
,, *Corse* a de même soutenu un violent com-
,, bat, elle a été griévement blessée, & elle
,, ne se relève de sa chute qu'avec peine.
,, Les Arts & les Sciences sont comme la
,, parure

„ parure & les ornemens. Vous ne fauriez
„ de quelque tems vous attendre à trouver,
„ parmi nous, ces Arts & ces Sciences; mais
„ revenez dans 20 ou 30 ans, nous vous
„ les montrerons, nous vous introduirons
„ dans des Concerts & dans des Affemblées,
„ où vous verrez de belles Dames, qui vous
„ engageront dans leurs chaines".

L'EMPIRE que ce grand Homme a fur fes
paffions eft admirable, & fon fang froid, dans
les occafions où il eft le plus difficile de le
conferver, eft furprenant. Un matin que
j'allois lui rendre mes devoirs, je le trouvai
fort occupé, entouré d'un cercle de Seigneurs, & devant lui un jeune *Corfe*, qui
avoit l'air & la contenance d'un criminel.
Auffitôt que *Paoli* m'apperçut: „ Approchez
„ Mr., (me dit-il) je fuis bien aife que vous
„ foyez venu. Vous autres Proteftans regar-
„ dez comme fort inintelligible notre doctri-
„ ne de la tranfubftantiation; Voyez cepen-
„ dant ce miracle opèré parmi nous: Voyez
„ ce jeune *Corfe* tranfubftantié en *Genois*.
„ Oui, Mr., ce citoyen indigne eft un *Corfe*,
„ qui a eu la lâcheté de combattre pour les
„ *Genois* en qualité de Lieutenant, & qui au
„ *Capo-Corfo* a rougi fon épée du fang de fes
„ Compatriotes; *André Doria* & tous leurs
„ plus fameux Capitaines ont eu moins de
„ férocité contre les ennemis de leur Patrie,
„ que n'en a montré ce miférable contre fes
„ Concitoyens". Enfuite *Paoli* fe tournant
vers le coupable: „ Jeune-homme, (lui dit-il)
„ c'eft parmi nous une règle conftante de
„ pardonner aux enfans les plus indignes de
„ la

,, la Patrie, lorſqu'ils reviennent à elle, mê-
,, me quand les circonſtances les obligent
,, d'y revenir, comme vous y avez été con-
,, traint. Votre retour, volontaire ou for-
,, cé, vous ſauve la honte du châtiment;
,, mais ſoyez ſur vos gardes; car je veillerai
,, ſur vous, & ſi jamais vous faites la moin-
,, dre démarche qui marque de la trahiſon,
,, vous ſçavez que je puis vous punir". Il
prononça ces mots avec la fierté d'un lion,
&, à voir ſes ſourcils froncés, on auroit cru
qu'il méditoit une vengeance terrible; mais
dès qu'il eût achevé ſon diſcours, il reprit
tout-à-coup ſa contenance naturelle, & cria
Andiamo, ,, allons nous-en", ſe mit à table,
& parut auſſi gai & auſſi tranquille, que s'il
ne ſe fût rien paſſé.

SES notions de morale ſont ſublimes &
épurées, telles, en un mot, qu'il convient
au Chef d'une Nation, auprès de laquelle il
perdroit bientôt ſon influence, s'il ſacrifioit
les grands intérêts de la Société à ſes propres plaiſirs. Il m'a ſouvent dit, que ſon
Père lui avoit donné une éducation très-ſé-
vère, & qu'il s'étoit fort rarement écarté
des ſentiers de la vertu, moins par un défaut de ſenſation & de paſſion, que parceque
ſon eſprit, toujours occupé d'importans objets, le détournoit naturellement du vice.
Je lui ai entendu rapporter, à table, les
principaux argumens de l'exiſtence & des at-
tributs de DEU, avec une grace & une énergie admirables. Je ne ſentis jamais mon ame
plus élevée. A cette occaſion lui ayant parlé des Poëſies libres du Roi de *Pruſſe*, & en

parti-

particulier de fon Epître au Maréchal *Keith*, l'illuftre *Paoli*, au lieu de cenfurer directement ce qu'il n'approuvoit pas dans les Ecrits d'un Héros fi diftingué, repartit avec une grave fenfibilité : ,, C'eft une belle con-
,, folation pour un vieux Général mourant:
,, En peu de tems vous ne ferez plus!." Il obferva que la Philofophie d'*Epicure* n'avoit produit qu'un feul caractère fublime; au lieu que le Stoïcifme avoit été un féminaire de grands Hommes. Cette remarque me rappella ces beaux vers de *Lucain* (*k*).

INTERROGÉ s'il quitteroit l'Ifle, dont il avoit entrepris la protection, au cas qu'une Puiffance étrangère lui accordât le Bâton de Maréchal, & le nommât Gouverneur d'une Province : ,, J'efpère (repliqua-t-il) qu'on
,, me croira plus honnête, ou plus ambi-
,, tieux; car, accepter les emplois les plus
,, éminens, fous une Puiffance étrangère,
,, cela feroit trop fervile. Le grade de Co-
,, lonel, de Général, ou de Maréchal, au-
,, roit, fans doute, fuffi pour ma table, pour
,, mon goût dans la parure, pour la Belle à
,, laquelle mon rang m'eût donné droit de
,, prétendre : Mais il n'auroit point fuffi
,, pour cette ame, pour cette imagination,"
dit-il, en portant la main fur fa poitrine.

UN jour qu'il difcutoit, avec fes Nobles, la queftion

(*k*) Hi mores, hæc duri immota Catonis
Secta fuit, fervare modum finemque tenere,
Naturamque fequi, patriæque impendere vitam,
Nec fibi fed totum genitum fe credere mundo.
   LUCAN. *Pharfal. Lib.* II. *l.* 380.

question si le Commandant d'une Nation doit être marié ou non : ,, S'il est marié, (dit-il) ,, il est à craindre qu'il ne soit distrait par ,, des affaires particulières, & trop porté ,, pour les intérêts de sa famille. S'il n'est ,, point marié, il y a lieu d'appréhender, ,, que libre du tendre attachement qu'on doit ,, à une femme & à des enfans, il ne sacri- ,, fie tout à son ambition personnelle ''. Comme je lui représentai qu'il devroit être marié, afin d'avoir un fils pour lui succéder : ,, Mr., (me répondit-il) quelle sureté puis- ,, je avoir que mon fils pensera & agira comme ,, moi ? Quelle espèce de fils eurent *Ciceron*, ,, & *Marc Aurèle* ? '' Une autre fois, que nous étions seuls : ,, Non, (me dit-il) je ne me ,, marierai jamais ; je n'ai point les vertus ,, conjugales. Rien ne sauroit m'y engager ,, qu'une femme, qui m'apporteroit une dot ,, immense, à la faveur de laquelle je pour- ,, rois assister ma Patrie ''.

CEPENDANT il n'en faisoit pas moins l'éloge du Mariage, comme d'une institution, que l'expérience de tous les siècles avoit démontrée être la mieux calculée pour le bonheur des individus, & pour le bien de la Société. S'il eut été simple Gentilhomme ou particulier, il se seroit probablement marié, & je suis sûr qu'il auroit été aussi tendre Epoux, & aussi bon Père, qu'il est sage Législateur & grand Général ; mais sa situation critique ne lui eût pas permis de jouïr d'une félicité domestique. Il est marié à sa Patrie, & les *Corses* sont ses enfans.

COMBIEN de fois ne m'a-t-il pas exhorté
à

à préférer les doux liens de l'hymen, aux plaisirs licentieux, qui étoient trompeurs & passagers; en ajoutant que je ne serois jamais véritablement heureux que dans l'état du Mariage, & qu'il espéroit de recevoir une lettre de ma part, bientôt après mon retour en *Angleterre*, qui lui apprendroit que j'avois suivi son avis, & que j'étois convaincu par l'expérience, qu'il avoit eu raison. C'est avec une complaisance aussi engageante, que ce grand Homme daignoit me traiter; & si je pouvois seulement peindre ses manières, tous mes Lecteurs en seroient enchantés.

Son esprit n'est pas moins propre aux spéculations philosophiques, qu'aux affaires d'Etat. Un soir, à souper, il nous entretint long-tems de quelques rêveries & conjectures curieuses, entr'autres sur la nature de l'entendement chez les animaux, &, à cet égard, il remarqua que les connoissances humaines étoient encore fort imparfaites. Il paroissoit, en particulier, desirer qu'on fît des recherches sur le langage des brutes. Il observoit que les bêtes se communiquoient mutuellement leurs idées l'une à l'autre, & que quelques-unes, comme les chiens, pouvoient former divers sons articulés. Dans plusieurs tems il y a eu des gens qui ont prétendu entendre le langage des oiseaux & des autres animaux. ,, Peut être, (ajouta *Paoli*) que dans mille ans d'ici, nos descendans seront aussi instruits à cet égard, que nous le sommes sur d'autres objets, dont la connoissance sembloit être bien plus difficile ". Depuis cette conversation, je me me fuis fouvent livré à de pareilles rêveries; & fi ce n'étoit point une idée ridicule, je dirois, que l'intelligence du langage des animaux feroit une acquifition fort agréable pour l'homme, en ce qu'elle élargiroit la fphère de fes communications fociales.

A mon retour en *Angleterre* je fus fâché de ne rien trouver fur ce fujet dans l'Ouvrage que le Docteur *Gregory* venoit de publier, fous le titre de *Parallèle des facultés de l'homme avec celles des animaux* (*l*); mais je m'en vis en grande partie dédommagé par la peinture que cet ingénieux Auteur y fait de la Société, & qui convient parfaitement aux *Corfes*.

,, Il y a, (dit-il) dans les progrès de la So-
,, ciété, une certaine époque, où les hom-
,, mes paroiffent avec le plus grand avanta-
,, ge. A cette époque, leurs forces corpo-
,, relles, & toutes leurs fonctions anima-
,, les, restent en pleine vigueur; ils font
,, intrépides, actifs, fermes, ardens dans
,, l'amour de la liberté & de leur Patrie.
,, Leurs mœurs font fimples, leurs affections
,, fociales font vives; & malgré la gran-
,, de influence que les liens du fang ont fur
,, eux, ils fe montrent généreux & hofpita-
,, liers envers les étrangers. La Religion
,, eft univerfellement refpectée parmi eux,
,, quoique déguifée par diverfes fuperfti-
,, tions (*m*) ".

PAOLI fouhaitoit fort que j'étudiaffe le caractère

(*l*) *Comparative View of the State and Faculties of Man with those of the Animal World.*
(*m*) *Preface to Comparative View*, p. 8.

ractère des *Corses*. ,, Fréquentez-les, (me
,, disoit-il) plus vous converserez avec
,, eux, plus vous me ferez plaisir. Ne fai-
,, tes aucune attention à la grossiéreté de
,, leurs vêtemens; n'examinez que les senti-
,, mens de ceux qui les portent; vous trou-
,, verez de l'honneur, du bon sens & de la
,, capacité parmi ces pauvres gens ".

Son cœur s'enfloit quand il parloit de ses Compatriotes. Ses grandes qualités ne se développoient jamais mieux que lorsqu'il dépeignoit les vertus de ceux pour le bonheur desquels tous les instans de sa vie étoient consacrés. ,, Si, (me disoit-il) j'avois à con-
,, duire une Armée de *Corses* contre une
,, Armée deux fois plus nombreuse, & qu'il
,, me fût permis de leur parler de la gloire
,, de la Patrie & de la valeur de leurs Pères,
,, je ne dis point qu'ils seroient victorieux,
,, mais je suis sûr qu'aucun d'eux ne lâche-
,, roit le pied. Les *Corses*, (ajouta-t-il) ont
,, une fermeté de résolution, dont vous se-
,, riez étonné; Je voudrois que vous en
,, pûssiez voir quelqu'un mourir. Les *Genois*
,, disent en proverbe: *I Corsi meritano la fur-*
,, *ca, e la sanno soffrire*. C'est-là un compli-
,, ment réël pour notre Nation ".

Ce Général me cita plusieurs exemples de la bravoure de ses Compatriotes. ,, Un Ser-
,, gent, (me dit-il) ayant été mortelle-
,, ment blessé dans la chaleur du combat,
,, m'écrivit ces mots avant d'expirer: *Je*
,, *vous salue; ayez soin de mon père. Dans un*
,, *moment j'irai rejoindre ceux de mes compa-*
,, *gnons qui viennent de mourir en braves pour la*
,, *Patrie*".

Un Gentilhomme *Corse*, qui avoit été fait prisonnier par les *Genois*, fut mis dans un noir cachot & chargé de chaines. Dans cette horrible situation, on vint lui offrir sa liberté s'il vouloit accepter une commission au service de la République. ,, Non! (ré-
,, pondit-il) si j'acceptois votre offre, ce
,, ne seroit que dans le dessein de saisir la
,, première occasion de retourner au service
,, de ma Patrie; mais je ne veux point l'ac-
,, cepter, car je serois très-fâché de faire
,, soupçonner, à mes Compatriotes, que j'aie
,, pu être un seul moment infidèle; " & il fut laissé dans sa prison. ,, Je défie, (ajouta
,, *Paoli* en me racontant ce trait) je dé-
,, fie *Rome*, *Sparte* ou *Thèbes*, de me mon-
,, trer 30 ans d'un tel patriotisme dont la *Cor-*
,, *se* peut se glorifier. Quoique l'affection, en-
,, tre les personnes d'une même famille, soit
,, extrêmement forte chez les *Corses*, ils aban-
,, donneront leurs plus proches parens, pour
,, le bien de leur Patrie, & sacrifieront ceux
,, qui l'ont trahie, en passant du côté des
,, *Genois* ".

Voici un autre exemple frappant de la probité & de la grandeur d'ame des *Corses*, qui me fut aussi raconté par *Paoli*. Un criminel étoit condamné à mort; son neveu, accompagné d'une Dame de distinction, vint pour solliciter la grace de son oncle. ,, Mon
,, Général, (dit-il) c'est avec la plus gran-
,, de douleur, que je viens vous demander
,, la vie de mon oncle. Si elle lui est accor-
,, dée, ses parens donneront 1000 sequins
,, à l'Etat: nous fournirons 50 soldats, qui

,, resteront à notre solde pendant tout le siè-
,, ge de *Furiani*: nous consentons d'ailleurs
,, que notre infâme parent soit banni à per-
,, pétuité de l'Isle ''. *Paoli*, qui connoissoit
la probité de ce jeune homme, lui répondit:
,, Vous n'ignorez pas les circonstances du
,, crime de votre oncle: telle est ma confi-
,, ance en vous, que je vous accorderai sa
,, grace, si vous pouvez déclarer que sa vie,
,, qu'il a mérité de perdre, sera conservée
,, avec justice, & qu'elle sera utile & hono-
,, rable à la Patrie ''. Le neveu pâlit se
retira les yeux baignés de larmes, en di-
sant: ,, Je ne voudrois pas vendre l'hon-
,, neur de ma Patrie pour mille sequins ; '' &
l'oncle fut exécuté.

LE Général me fit remarquer qu'en *Corse*
les criminels étoient mis à mort 24 heures
après qu'on leur avoit prononcé leur sentence: ,, Cette coutume, (dit-il) n'est peut-être
,, pas trop Catholique; mais elle est dictée
,, par l'humanité ''.

QUOIQUE *Paoli* fût l'un des Membres du
Tribunal du Syndicat, il y prenoit rarement
sa place; il restoit dans son appartement, &
si quelques-uns de ceux, dont les causes
avoient été décidées par le Syndicat, se
croyoient lézés par la sentence, ils étoient
admis à l'audience du Général, qui ne manquoit jamais de les convaincre qu'on leur
avoit rendu justice. Cette indulgence me
parut être nécessaire dans l'enfance du Gouvernement. Les *Corses* ayant vécu si long-
tems dans un état d'Anarchie, n'auroient pu
soumettre tout-à-coup leurs esprits à l'autorité

rité régulière de la Juſtice ; mais voulant bien s'en rapporter au ſentiment de *Paoli*, par un effet de l'amour & de la vénération qu'ils lui portent, c'eſt encore à-peu-près comme s'il étoient gouvernés par leurs propres paſſions, puiſqu'ils s'en remettent à un arbitre, pour lequel ils ont une eſtime perſonnelle. Ainſi l'on ne ſauroit dire qu'ils ſoient parfaitement civiliſés, tant qu'ils ne ſe conformeront pas volontairement aux déciſions de leurs Magiſtrats, qui, en qualité d'Officiers de l'Etat, ſont chargés de l'adminiſtration de la Juſtice. En leur perſuadant que ces Magiſtrats jugent avec connoiſſance de cauſe & avec équité, *Paoli* accoutume les *Corſes* à accorder, à leurs Régens, une confiance ſalutaire, qui eſt néceſſaire pour aſſurer le reſpect dû aux Loix, & par-là former un Gouvernement ſtable.

Après m'avoir fait de grands éloges des *Corſes*; ,, Suivez-moi, (me dit *Paoli*) vous
,, aurez une preuve de ce que je vous avan-
,, ce. Il y a, dans mon antichambre, une
,, foule de gens qui attendent que je leur
,, donne audience. Je ferai entrer le pre-
,, mier qui ſe préſentera, & vous l'enten-
,, drez. " Celui qui fut introduit étoit un vénérable vieillard. Le Général le prit affectueuſement par la main, & le pria de s'expliquer librement, ſans faire attention à moi. Le bon vieillard, encouragé par un accueil auſſi affable, lui dit, que la veille il y avoit eu une émeute dans ſon Village, & que deux de ſes enfans avoient été tués; qu'il regardoit cet évènement comme le plus

grand des malheurs; mais pourtant, que comme ceux qui avoient tué fes enfans, n'avoient pas eu deffein de commettre de meurtre, il ne vouloit faire contr'eux aucune forte de pourfuite: ,, Ma femme, (continua-
,, t'il) toute entière à la vengeance, a déja
,, porté fa plainte, pour qu'ils foient arrêtés
,, & punis; mais je viens fupplier Votre
,, Excellence d'ordonner qu'on aît grand foin
,, de ne pas condamner, comme des affaffins,
,, des gens qui font innocens de la mort de
,, mes chers enfans ". Ce difcours, qui peignoit l'ame honnête & généreufe de ce vieillard, ne diminuoit rien de la douleur amère que lui caufoit fa perte. J'en fus touché de la manière la plus fenfible. *Paoli* me regardoit avec complaifance, & fembloit fe faire un doux triomphe de l'action du vieillard, dont le flux de bouche & la vivacité du gefte juftifioient pleinement ce que *Petrus Cyrnæus* témoigne au fujet de l'éloquence des *Corfes*:
,, Vous diriez qu'ils font tous bons Avo-
,, cats (*n*) ".

Je trouvai que *Paoli* avoit raifon de fouhaiter que je fréquentaffe beaucoup fes Compatriotes, puifque cela me donnoit une plus haute idée foit des Peuples foit de leur Chef. Mr. *de Thou* a judicieufement remarqué;
,, que les difpofitions des *Corfes* étoient in-
,, conftantes (*o*) ". Néanmoins leur attachement pour *Paoli* eft encore, après dix ans,

---

(*n*) Diceres omnes effe bonos caufidios.
(*o*) Sunt mobilia Corforum ingenia.

ans, tout auſſi fort qu'il aît pu l'être au commencement. Ils ont même pour lui une admiration qui tient de l'enthouſiaſme: Ils l'appellent ,, le grand Homme, l'Homme en-
,, voyé de Dieu pour rendre la liberté à la
,, Patrie ".

Tous les Seigneurs, qui étoient employés auprès de *Paoli*, me parurent être des hommes d'un grand jugement, & de beaucoup de capacité dans leurs différens départemens. Quelques-uns avoient été au ſervice des Puiſſances étrangères. Mr. *Suzzoni* m'entretenoit ſouvent en langue *Allemande*, & nous nous rappellions les jours heureux que nous avions paſſés au milieu de cette eſtimable Nation, celle de tout l'Univers qui reçoit les étrangers avec la plus grande cordialité. Mr. *Gian Quilico Caſa Bianca*, de la première Nobleſſe de *Corſe*, étoit un de mes meilleurs Amis, & ſe faiſoit un plaiſir de m'inſtruire à fond de ce qui regarde le Gouvernement de l'Iſle, ayant même eu la patience de me guider dans la relation que j'en écrivis, & que je perfectionnai enſuite d'après mes converſations avec le Général ſur cette matière. J'ai également à me louër des civilités de l'Abbé *Roſtini*, homme de Lettres, & très-recommandable par la bonté de ſon cœur. En parlant de *Paoli*, & de la confiance que lui accordent les *Corſes*: ,, Nous ne craignons
,, pas, (me dit-il) que notre Général nous
,, trompe, ni qu'il ſe laiſſe tromper ". Je reçus auſſi beaucoup de politeſſes de la part du Père *Guelfucci*, de l'Ordre des *Servites*, & qui, par ſon mérite ſolide, s'eſt élevé au

Poste honorable de Sécretaire du Général. En un mot, tous les Gentilshommes à *Sollacarò* s'empressoient de la manière la plus obligeante, à m'en rendre le séjour agréable. Nous nous promenions, nous montions à cheval, & nous allions à la chasse ensemble.

Les Païsans & les Soldats étoient tous d'une franchise, d'une candeur, d'une gaieté & d'une hardiesse admirables, avec une certaine grossiéreté de manières, conforme à leur caractère, & qui ne me déplaisoit pas. Le Général me cita un bel exemple de leur bon sens naturel & solide. Un jeune Marquis *François*, fort riche, & encore plus fier, étant venu en *Corse*, témoignoit un souverain mépris pour les barbares habitans de cette Isle, marchant à pas comptés (*andava a passo misurato*) & se donnant des airs prodigieux d'homme de conséquence. Les *Corses* le regardoient avec un souris moqueur, & se disoient les uns aux autres: „ Laissons-„ le seul, il est jeune ".

Les Païsans & Soldats *Corses* sont fort passionnés pour les combats des bêtes à corne avec les grands chiens de montagne. Ils en contractent une férocité qui éteint en eux tout sentiment de frayeur ou de crainte. J'ai vu un *Corse*, accourir dans la chaleur d'un de ces combats, chasser les chiens, saisir par les cornes l'animal furieux, & l'emmener, sans lâcher prise.

Le petit Peuple ne me parut pas fort porté pour les divertissemens. Dans la grande salle de la Maison de *Colonna*, où j'étois logé, je remarquai quelques Païsans qui s'amusoient
à

à joüer aux Dames d'une façon très-curieufe. Ils traçoient fur le plancher, avec de la craie, un nombre fuffifant de quarrés, dont ils en blanchiffoient un tout-à-fait, laiffant l'autre ouvert, alternativement; & au lieu de Dames noires & blanches, ils fe fervoient de petites pierres, & de morceaux de bois.

Le plus doux amufement des ces Infulaires, lorfqu'ils ne font ni à la guerre, ni à la chaffe, eft de s'étendre à terre, en plein air, & de chanter les grandes actions de leurs Compatriotes, ou de s'entretenir de l'amour de la Patrie, & de la haine irréconciliable qu'ils ont vouée aux *Genois*. Souvent même ils continuent ce paffetems jufques fort avant dans la nuit, à moins que la pluie ne les force à fe retirer dans leurs maifons.

L'*Ambafciadore Inglefe*, comme les bons Païfans & Soldats avoient coutume de m'appeller, devint leur grand favori. Je me pourvus d'un habillement *Corfe*, dans lequel je me promenois avec un air de véritable fatisfaction. Le Général me fit préfent de fes propres piftolets, de la fabrique de l'Ifle, & d'un travail exquis. J'avois toutes fortes d'autres ajuftemens. J'obtins même une de ces conques, dont on s'étoit fouvent fervi pour fonner l'allarme. Je conferve précieufement toutes ces curiofités.

Les Païfans & Soldats *Corfes* étoient très-libres, & fort à leur aife avec moi. Chaque matin j'en avois un grand nombre, qui venoient me faire vifite; ils entroient & fortoient quand il leur plaifoit, fans aucune cérémonie. Je faifois tout ce qui dépendoit de moi pour leur donner une idée favorable des *Anglois*, & je les flattois d'une prochaine Alliance avec nous. Ils me faisoient mille questions touchant ma Patrie, & je leur répondois le mieux qu'il m'étoit possible.

Un jour ils voulurent absolument m'entendre jouër de ma flute traversière. Il eut été fort ridicule de m'en excuser, sous prétexte que je m'acquiterois mal de cette tâche; ainsi je me mis d'abord en devoir de les satisfaire. Je commençai par des airs *Italiens*; je jouai ensuite quelques-unes de nos belles contre-danses *Ecossoises*, dont ils parurent être charmés. Mes bons amis insisterent aussi pour que je leur chantasse un air *Anglois*. J'entonnai, sans me faire prier, *Hearts of oak* &c. ,, Cœurs de chêne, " que je traduisis en *Italien* à leur demande, & jamais je ne vis des gens plus transportés de joie qu'ils le furent à l'occasion de cette chanson. *Cuore di querco*, s'écrioient-ils, *bravo Inglese!* Je me figurois être un Officier de Marine en recrue, & entendre les acclamations d'une troupe de Matelots faisant débauche à bord d'une Flotte *Angloise*.

Paoli parloit avec beaucoup d'enthousiasme lorsqu'il s'agissoit de l'indépendance de la *Corse*: ,, Nous pouvons bien, (dit-il) avoir
,, des Princes étrangers pour Amis; mais il
,, faut qu'ils soient, *Amici fuori di casa* (Amis
,, éloignés de nous). Nous pouvons aussi
,, contracter des Alliances; mais nous ne vou-
,, lons point nous soumettre à la domination
,, de la plus grande Nation de l'*Europe*. Ce
,, Peuple, qui a tant fait pour la liberté,
,, se

„ fe laifferoit hacher en pièces, jufqu'au
„ dernier homme, plutôt que de confentir
„ à retomber au pouvoir d'un autre Etat.
„ Il y a quelques années, que le bruit fe
„ répandit, que je me propofois de céder
„ l'Ifle à l'Empereur. Un *Corfe*, fort crédu-
„ le, vint à moi très-agité, & me dit:
„ *Quoi! le fang de tant de Héros, qui ont fa-*
„ *crifié leurs vies pour la liberté publique, ne*
„ *fervira-t'il donc qu'à teindre la pourpre d'un*
„ *Prince étranger?* ".

QUAND je voulus l'entretenir du projet d'une Alliance entre la *Grande-Brétagne* & la *Corfe*, ce Général éluda la queftion avec beaucoup de politeffe & de dignité, en me difant: „ Moins nous recevrons de fecours de
„ la part de nos Alliés, plus grande en fera
„ notre gloire ". Il paroiffoit navré de la conduite que l'*Angleterre* avoit tenue à l'égard de fa Patrie, & de la févère deffenfe publiée après la dernière Paix, où les braves Infulaires étoient appellés les *Rebelles de Corfe*: Il me dit, d'un ton de fierté noble, qui marquoit en même tems fa fenfibilité: „ *Rebel-*
„ *les!* Je ne me ferois jamais attendu à être
„ ainfi qualifié de la part de la *Grande-Bréta-*
„ *gne* ".

CEPENDANT il témoignoit le plus grand refpect pour la Nation *Angloife*, & je m'apperçus aifément combien il fouhaitoit de vivre en bonne amitié avec elle. Quand je lui demandai ce que je pourrois faire en retour de toutes fes bontés pour moi, il me répondit: „ *Solamente difingannato il fuo Corte:*
„ (Defabufez feulement votre Cour:) Racon-
„ tez

,, tez à vos Compatriotes ce que vous avez
,, vu ici. Ils feront curieux de vous inter-
,, roger. Un homme arrivé de la *Corfe* fe-
,, ra, pour eux, comme un homme venu des
,, Antipodes ".

Les vœux que je lui exprimai, & les idées
riantes que je me formois d'une future union
étroite entre les généreux *Anglois* & les braves *Corfes*, lui ayant peu à peu fait reprendre
fa belle humeur, il s'expliqua avec moins de
réferve fur cet article : ,, Vous fouvenez-
,, vous, (me dit-il) du petit Peuple en *Afie*,
,, lequel craignant d'être opprimé par le
,, grand Roi d'*Affyrie*, s'adreffa aux *Romains*,
,, qui, par un effet de la générofité d'une Na-
,, tion libre & puiffante, ne voulurent point
,, fouffrir que le grand Roi détruifît le petit
,, Peuple, mais conclurent, avec celui-ci,
,, une Alliance des plus étroites? " *Paoli* ne
fit point d'obfervations fur ce beau morceau d'Hiftoire, dont l'allufion à fa propre
Nation & à la nôtre, étoit d'ailleurs très-
fenfible.

Lorsque le Général me cita ce trait, dont
je fus frappé, je n'eus pas l'attention de lui
demander de quel petit Peuple il étoit question ; & n'en pouvant rien découvrir dans
divers Ouvrages que je confultai à mon retour en *Angleterre*, je le priai, par une de
mes lettres, de vouloir bien me l'apprendre.
Il me répondit, que c'étoit le Peuple *Juif*;
que l'hiftoire en avoit été écrite par plufieurs
anciens Auteurs, & que je la trouverois rap-
portée avec beaucoup de précifion & d'énergie dans le 8e. Chapitre du 1er. Livre des *Maccabées*,

cabées, que les Proteſtans ont rangé parmi les Apocriphes, mais que tous les Savans reconnoiſſent pour une hiſtoire autentique. J'y ai lû, avec une vraie ſatisfaction, l'hiſtoire favorite de *Paoli*, qui, dans la plupart de ſes circonſtances, peut très-bien être appliquée à la *Grande-Brétagne* & à la *Corſe*; elle eſt écrite avec une grande éloquence, & elle fournit un beau modèle pour une Alliance entre ces deux Nations. Je doute même ſi, dans aucune époque de l'Hiſtoire des *Romains*, ce Peuple a jamais paru plus véritablement grand qu'en cette occaſion.

„ Si un homme, (me diſoit *Paoli*) veut
„ conſerver le noble feu du patriotiſme, il
„ ne faut pas qu'il raiſonne trop. Le Ma-
„ réchal de *Saxe* raiſonnoit; & il portoit les
„ armes de *France* au cœur de l'*Allemagne*,
„ ſa Patrie. J'agis par ſentiment, & non
„ par raiſonnement.

„ Les ſentimens vertueux & habituëls,
„ (ajouta-t'il) ſurpaſſent tous les raiſonne-
„ mens philoſophiques, qui ſont bien moins
„ forts, & plus variables. Si tous les Pro-
„ feſſeurs de l'*Europe* étoient formés en une
„ Société, il n'eſt pas douteux que ce ne
„ fût un Corps très-reſpectable, dont nous
„ pourrions recevoir d'excellentes leçons de
„ morale. Cependant je crois que je trou-
„ verois plus de vertu réëlle dans une So-
„ ciété de bons Païſans de quelque petit
„ Village au cœur de votre Iſle. On peut
„ appliquer, à ces deux Sociétés, ce qui a
„ été dit de *Demoſthènes* & de *Thémiſtocles*:
„ L'un

„ L'un étoit puiſſant en paroles, & l'autre
„ en actions (*p*) ".

CE genre de converſation m'ayant fourni
l'occaſion de lui expoſer combien j'avois
ſouffert de mes ſpéculations chagrines, & de
mes méditations profondes ſur des ſujets,
qu'il n'eſt pas donné à l'homme de connoître;
„ Tout celà, (me dit *Paoli*) eſt l'effet de la
„ mélancolie. J'ai auſſi étudié la Métaphy-
„ ſique; je connois les argumens en faveur
„ du deſtin & du libre arbitre, de la ma-
„ térialité & de l'immatérialité de l'ame;
„ auſſi bien que les ſubtils argumens pour
„ & contre l'exiſtence de la matière. *Ma
„ laſciamo queſte diſpute ai ozioſi* ; (Mais laiſſons
„ ces diſputes aux gens oiſifs.) *Io tengo ſem-
„ pre fermo un gran penſiero* ; (Je tiens tou-
„ jours ferme un grand objet.) Jamais je ne
„ perds courage un inſtant".

JE profitai plus de la contemplation d'un
tel caractère, réëllement exiſtant, que je
ne l'avois fait de mes lectures, de mes ſo-
ciétés, & de mes propres réflexions. Je
m'étois ſouvent formé l'idée d'un homme
auſſi parfait que je pouvois l'imaginer; mais
elle me paroiſſoit en même tems des plus chi-
mériques. Cependant je la voyois réaliſée au
ſuprême degré dans la perſonne de *Paoli*; &,
malgré toutes mes obſervations, je ne lui
trouvois rien, qui pût me donner une mauvaiſe opinion de la Nature humaine.

UN

(*p*) Illius dicta, hujus facta magis valebant.

UN jour j'entrai le matin dans son appartement, sans cérémonie, pendant qu'il s'habilloit; je fus charmé d'avoir occasion de l'examiner dans ces momens d'humeur, où, selon le Duc de *la Rochefoucault*, ,, nul homme n'est un ,, Héros pour son valet-de-chambre". Mais si ce satyrique Seigneur, qui se faisoit un plaisir malin de déprimer la Nature humaine de sa dignité, eût été à ma place, il auroit avoué que *Paoli*, à chaque instant de sa vie, étoit un Héros.

CE Général m'a assuré, que dès sa plus tendre jeunesse il avoit eu en vue l'importante Charge dont il est actuellement revêtu, de sorte que ses sentimens doivent toujours avoir été magnanimes. Je lui demandai comment il avoit pu, avec quelque patience, soumettre sa grande ame aux basses cérémonies, & aux frivoles conversations du beau monde, pendant qu'il étoit Officier au service de la Cour de *Naples*? ,, Fort aisément,
,, (me répondit-il); *Ero connosciuto per una*
,, *testa singolare*; (J'étois connu pour un hom-
,, me singulier;) je causois, je plaisantois,
,, & j'étois de bonne humeur; mais jamais
,, je ne me mettois à table pour jouër; j'al-
,, lois & je venois comme il me plaisoit. Je
,, n'aime la gaieté qu'autant qu'elle est na-
,, turelle & sans affectation. Je ne puis souf-
,, frir long-tems les diseurs de bons mots".
Combien l'idée, que ce grand Homme se forme de la conversation agréable, n'est-elle pas supérieure à celle qu'en ont les Beaux-Esprits de profession? Ils se donnent trop de peine pour plaire; ils y réussiroient mieux,

s'ils

s'ils fe montroient dans leur caractère naturel.

Je fis fourire *Paoli* en lui difant que j'étois fort furpris de le trouver fi aimable, fi accompli & fi complaifant; que je favois bien que je verrois un grand Homme; mais que je m'attendois à rencontrer un rude caractère, un *Attila*, Roi des *Goths*, ou un *Luitprand*, Roi des *Lombards*. Quoique ce Général fourie fouvent, j'ai remarqué qu'il n'éclate jamais; & il eft rare aufli que les grands Hommes tombent dans ce défaut, qui femble caractérifer particulièrement les petits génies.

Quoique calme, & entièrement maître de foi-même, *Paoli* eft animé d'une vivacité extraordinaire. A moins qu'il ne foit indifpofé, ou fort fatigué, il ne s'affied jamais que pour prendre fes repas; il eft continuellement en mouvement, & fe promène d'un pas vigoureux. Mr. *Samuel Johnfon* (q), qui connoit fi bien la Nature humaine, veut qu'on faffe attention jufqu'aux moindres circonftances du caractère des grands Hommes. *Sallufte* a remarqué, de *Catilina*, qu'il étoit aufli dans une agitation perpétuelle: *Neque vigiliis, neque quietibus fedari poterat*; mais c'eft par une caufe très-différente. Le Confpirateur méditoit la ruine & la deftruction de *Rome*; le Patriote n'eft occupé qu'à affurer la liberté & la félicité à la *Corfe*.

Ce Général m'a raconté, que la vivacité de
fon

(*q*) *Rambler*, Number 60.

son esprit ne lui permet pas d'étudier plus de dix minutes de suite : „ *La testa mi rom-*
„ *pe*: La tête me fend, (me disoit-il); je ne
„ puis jamais écrire de ma propre main
„ les idées qui me viennent; elles échap-
„ pent à ma plume : J'appelle l'Abbé *Guel-*
„ *fucci*: *Allons presto, pigliate li pensieri*: (Al-
„ lons, vite, saisissez mes pensées,) lui dis-
„ je; & il les met par écrit, à mesure que
„ je dicte ".

LA mémoire de *Paoli* est aussi excellente que celle de *Thémistocles*; on m'a assuré qu'il connoit presque tous les habitans de l'isle par leur nom, leur caractère & leur conduite. Il sait par cœur la plupart des Auteurs classiques; & il ne les cite jamais qu'à propos; talent rare, qui ne doit pas toujours passer pour pédanterie. Les exemples, que je rapporte de *Paoli*, prouvent bien le contraire.

JE lui ai entendu raconter les révolutions d'un ancien Etat, avec une rapidité, qui montroit qu'il étoit maître du sujet, & parfaitement instruit de toutes ses circonstances. Je lui ai entendu donner ce que les *François* appellent *un Catalogue raisonné* des plus grands Hommes de l'Antiquité, dont il peignoit le caractère avec beaucoup d'énergie & de précision. C'est dommage, que le feu, avec lequel il s'exprimoit, dans ces occasions, m'aît ébloüi au point de ne pouvoir retenir ses sentences pour les écrire, lorsque je me retirois de sa présence.

EN parlant un jour des Auteurs anciens:
„ Un jeune-homme, (me dit-il) qui veut
„ former son génie à la gloire, ne doit
„ pas

,, pas lire les Ecrits des modernes ; *mà Plu-*
,, *tarcho, mà Tito Livio* : (mais *Plutarque*, mais
,, *Tite-Live*) ".

Je l'ai vu tomber dans une espèce de rêverie, & éclater en saillies du plus grand & du plus noble enthousiasme. Je m'en rappelle deux exemples. ,, Quelle idée ?
,, que des milliers d'hommes vous doivent
,, leur bonheur !" Et se mettant dans une attitude comme s'il voyoit, devant lui, la haute Colline de la Renommée : ,, Voi-
,, la mon objet, (dit-il, en montrant le som-
,, met;) si je tombe, ce sera du moins ici ;
,, (c'est-à-dire dans un bon chemin qui y
,, mène). *Magnis tamen excidit ausis* ".

Je hazardai de lui tenir le langage d'un libertin, pour être confirmé dans les principes de la vertu par un Précepteur aussi illustre. Les sensations morales, lui dis-je, sont foibles ; la conscience est vague & incertaine. Il n'est presque point de vice dont on ne pût trouver des hommes, qui s'en sont rendus coupables sans remords. ,, Mais, (me
,, répondit *Paoli*) il n'y a aucun homme qui
,, n'ait une horreur pour quelque vice. Dif-
,, férens vices & différentes vertus ont les
,, plus fortes impressions sur différens hom-
,, mes. *Ma la virtù in astratto è il nutrimento*
,, *dei nostri cuori* : (Mais la vertu est abstracti-
,, vément la nourriture de nos cœurs) ".

En parlant de la Providence, il me dit, de ce ton affirmatif dont on cherche à convaincre quand on craint de n'être pas cru ;
,, Je vous assure, foi d'honnête homme,
,, qu'il m'est impossible de n'être pas persua-
,, dé

,, dé que Dieu s'interpofe pour accorder la
,, liberté aux *Corfes*. Une Nation auffi op-
,, primée que la nôtre, eft certainement di-
,, gne de l'affiftance divine. Dans les cir-
,, conftances les plus defefpérées où nous
,, nous fommes trouvés, je n'ai jamais per-
,, du courage, me repofant toujours fur la
,, Providence ". Mais, lui objectai-je,
pourquoi la Providence n'eft-elle pas inter-
venue plutôt? Il me repliqua avec un air
noble, férieux & dévot: ,, Parceque fes
,, voies font impénétrables. Je l'adore pour
,, ce qu'elle a fait; je la révère dans ce
,, qu'elle n'a point fait ".

A cette occafion je citai à *Paoli* divers
traits remarquables de Mr. *Samuël Johnfon*,
mon refpectable Ami, contre les prétendus
Efprits forts, & j'eus le plaifir de les lui
entendre traduire dans l'énergie *Italienne*,
en faveur de fes Héros *Corfes*.

Durant l'adminiftration de *Paoli* il s'eft
fait peu de loix dans la *Corfe*. Ce Général me
parla d'une de ces loix, qu'il a trouvée fort
efficace pour réprimer l'efprit vindicatif des
Corfes. Il y avoit, parmi ces Infulaires, une
horrible efpèce de vengeance, appellée *Vendetta trafverfa*, ,, Vengeance collatérale, "
que *Petrus Cyrnæus* avoue de bonne foi. Voici en quoi elle confiftoit. Si quelqu'un avoit
reçu une injure, & qu'il ne pût trouver l'occafion de s'en venger fur la perfonne même
de fon ennemi, il le faifoit fur l'un de fes
parens. Cette pratique barbare étoit une
fource d'affaffinats fans nombre. *Paoli*, qui
favoit que le point d'honneur tient lieu de

tout aux *Corses*, l'opposa au progrès du plus noir des crimes, fortifié par une longue habitude. Il fit une loi, qui ordonnoit, que cette vengeance collatérale feroit non-feulement punie de mort, comme les meurtres ordinaires, mais qu'on érigeroit encore un monument d'infamie à la mémoire du coupable. Il a aussi fait enforte que le même châtiment s'étendît aux violateurs d'un ferment de réconciliation, une fois jurée, entre des ennemis. C'est ainsi qu'en combattant un vice si destructif par le choc d'une passion opposée, il est parvenu à adoucir les fiers *Corses* au point, qu'ils reconnoissent tous aujourd'hui l'équité de cette loi, à ce que le Général m'a assuré luimême.

Pendant que j'étois à *Sollacarò*, l'on y apprit que le malheureux Domestique qui, à l'instigation de sa Maîtresse, avoit étranglé une femme, (r) s'étoit enfin déterminé, après bien des difficultés, à accepter la vie à condition de servir de Bourreau. Cette nouvelle occasionna une grande rumeur parmi les *Corses*, qui en étoient furieux, & qui regardoient désormais leur Nation comme deshonorée pour toujours. *Paoli* ne pensoit pas de même: ,, J'en suis bien aise, (me dit-il)
,, celà nous sera utile, & contribuera à nous
,, former à une juste subordination. Nous
,, sommes encore trop égaux entre nous.
,, Comme nous devons avoir des Tailleurs
,, &

(r) Voyez ci-dessus, pag. 175.

,, & des Cordonniers *Corses*, il nous faut
,, aussi un Burreau *Corse* ".

Je n'étois pourtant pas de son avis. En effet, le métier de Tailleur, ou de Cordonnier, quoique vil, n'est point odieux. Mr. *Rousseau*, que je revis après mon retour en *Angleterre*, pensoit comme moi, & croyoit qu'il auroit été honorable, pour les braves *Corses*, de pouvoir se vanter qu'il n'y avoit personne d'entr'eux qui ne préférât la mort au métier de Bourreau; & qu'il eût été aussi d'un bon effet d'en remplir toujours l'office par un *Genois*.

Je dois cependant faire, à ces Republicains, la justice d'observer, que *Paoli* m'a dit, qu'il s'étoit trouvé même un *Genois*, qui avoit mieux aimé mourir que d'accepter l'emploi de Bourreau en *Corse*. Ce Général, à qui je parlois une fois en termes violens contre les *Genois*, au sujet de leur tyrannie, me répondit avec une modération & une candeur, qui doit lui faire honneur même auprès de la Republique: ,, Il est vrai que les *Genois* sont
,, nos ennemis; mais n'oublions pas qu'ils
,, sont les Descendans de ces Braves, qui
,, porterent leurs armes au-delà de l'*Helles*-
,, *pont* ".

Il y a, dans le caractère de *Paoli*, une circonstance, que je n'oserois rapporter sans de bons garants, sachant combien elle peut paroître ridicule dans un siècle où les hommes semblent se piquer de ne rien croire de ce qu'ils ne conçoivent pas. C'est qu'il a souvent un pressentiment extraordinaire des évènemens futurs; & voici de quelle façon j'ai

j'ai découvert cette fingularité. Le defir d'étudier un caractère fi fublime, & fes bontés pour moi, m'engageant à lui adreffer cent queftions touchant les moindres particularités de fa vie; je lui demandai un jour, en préfence de quelques-uns de fes Nobles, fi un génie, auffi actif que le fien, pouvoit fe repofer, même pendant le fommeil, & s'il ne rêvoit pas beaucoup? Mr. *Cafa Bianca* me dit là-deffus d'un air & d'un ton qui marquoient quelque chofe d'importance: *Si, fi fogna*, „ Oui, il rêve "; & ce Mr. m'affura que le Général avoit fouvent vu en fonge ce qui étoit arrivé enfuite; ce que le dernier me confirma par divers exemples. „ Je
„ ne puis, (me dit-il) vous en donner une
„ explication nette; Je vous cite feulement
„ des faits. Quelquefois je me fuis trompé,
„ mais, en général, ces vifions fe font vé-
„ rifiées. Je ne faurois dire quelle peut
„ être l'action des Efprits invifibles. Il eft
„ fûr que leurs connoiffances doivent être
„ fupérieures aux nôtres; & il n'y a point
„ d'abfurdité à fuppofer que Dieu leur per-
„ mette de nous les communiquer en certai-
„ nes occafions ". Il entra dans une difcuffion curieufe fur ce fujet, que l'ingénieux Mr. *Baxter* a traité d'une manière très-philofophique (s).

La circonftance myftérieufe du caractère
de

(s) Dans fon Ouvrage intitulé *Inquiry into the nature of the human Soul* C'eft-à-dire „ Recherches „ fur la nature de l'Ame humaine ". Voyez auffi *Feltham's Refolves*, *Cent*. I. *Refol.* 52.

de *Paoli*, dont je viens de parler, eſt univerſellement accréditée en *Corſe*. Les habitans de cette Iſle, ainſi que les *Italiens*, ont coutume de s'exprimer par ſignes. Un d'entr'eux, à qui je demandai s'il y avoit beaucoup d'exemples que le Général eût prévu l'avenir, ſaiſit une poignée de ſes cheveux, & repliqua, *tante Signore*. ,, Autant Mr. ''. On pourra objecter, qu'à l'imitation de *Lycurgue*, de *Numa* & de *Marius*, *Paoli* a répandu adroitement cette opinion, dans la vue de s'acquérir une plus grande autorité pour civiliſer un Peuple rude & féroce. Mais je le crois incapable d'avoir eu recours aux fraudes pieuſes.

Sans jamais ſe familiariſer, *Paoli* eſt d'un accès le plus facile; ce qui prouve un caractère réellement grand, & digne de la véritable Nobleſſe des anciens tems, dont la plupart de nos Gentilshommes modernes ont ſi fort dégénéré, qu'ils ſemblent craindre de ſe laiſſer examiner de trop près. Les perſonnes qui ſont attachées au ſervice du Général entrent à toute heure dans ſon appartement, le réveillent, l'aident à s'habiller, & ſont parfaitement libres, ſans gêne. Mais chacun reconnoit ſa ſupériorité par ſa véritable grandeur; jamais on ne s'écarte du reſpect qu'on lui doit.

Quoique d'un accès ſi facile, l'on prend un ſoin tout particulier de la perſonne de cet illuſtre Chef, qui a tant à craindre des attentats des *Genois* contre ſa vie. Un certain nombre de Soldats veillent continuellement à ſa ſûreté; & il eſt de plus gardé par cinq ou si gros chiens *Corses*, en dedans, & en dehors de sa chambre. Il les traite bien, & ils lui sont fortement attachés ; ils ont le nez extrêmement fin, & connoissent tous ses amis & ses serviteurs. Si quelqu'un s'approchoit du Général dans l'obscurité de la nuit, il seroit aussi-tôt déchiré en pièces par ces fidèles animaux. Les Héros de l'Antiquité avoient aussi des chiens pour gardes, (*t*) & c'est encore-là une circonstance dans laquelle *Paoli* leur ressemble.

En parlant de la bravoure, il faisoit une distinction fort juste entre le courage naturel, & le courage de réflexion. ,, *Thomas* ,, *Morus*, (disoit-il) n'auroit probablement ,, pas si bien monté la brêche qu'un Sergent, ,, qui n'aura jamais réfléchi à la mort ; Mais ,, un Sergent, sur l'échaffaut, n'auroit point ,, montré la calme fermeté de *Thomas Morus* ''.

A cette occasion il me raconta une anecdote très-remarquable, arrivée dans la dernière

---

(*t*) *Homere* représente *Telemaque* gardé de cette manière,   δύω κύνες ἄργοι ἕποντο.
                    HOMER. *Odyss. lib.* II. *l.* 11.
Mais la description de la famille de *Patrocle* convient mieux à *Paoli* ;
        Ἐνέα τῷ γε ἄνακτι τραπεζῆες κύνες ἦσαν.
                    HOMER. *Iliad lib.* XXIII. *l.* 73.
Mr. *Pope*, dans ses notes sur le 28ᵉ livre de l'*Odyssée*, trouve, dans cette circonstance, une peinture agréable de l'ancienne simplicité, & il observe, que *Virgile* l'a jugée digne de son imitation, en décrivant le vieux *Evander*. Nous lisons de même de *Syphax*, Général des *Numidiens* : *Syphax inter duos canes stans, Scipionem appellavit.* (Tit. Liv.)

nière Guerre d'*Italie*. Au Siège de *Tortone* le Général, qui le commandoit, ordonna à Mr. Carew, Officier *Irlandois* au service de la Cour de *Naples*, de marcher avec un détachement, à certain Poste particulier, & lui ayant donné ses ordres, il lui dit tout bas à l'oreille: ,, Je vous connois, Mr., pour ,, un brave homme; c'est pourquoi je vous ,, envoie à ce Poste; mais je vous dirai, en ,, confidence, que vous y trouverez une ,, mort certaine, mon but étant d'engager ,, par-là l'ennemi à faire sauter une mine ,, qui est au dessous ". *Carew*, sans se décontenancer, fit sa révérence au Général, conduisit en silence sa troupe à ce Poste redoutable, & s'y étant fait apporter un gobelet de vin par l'un des Soldats: ,, Je ,, bois, (dit-il) à tous ceux qui meurent en ,, braves les armes à la main ". Par bonheur *Tortone* capitula en ce moment, & *Carew* échappa au danger; mais il donna un rare exemple d'intrépidité, qui fait honneur à sa Nation, à laquelle bien des gens chez nous ne rendent pas la justice qu'elle mérite, & qu'on lui accorde sur le Continent.

L'AUTORITÉ personnelle de *Paoli* sur les *Corses* est frappante. J'ai vu une foule de ces Insulaires qui paroissoient vouloir forcer son appartement sans respecter même les Gardes; Mais dès que le Général se fut montré, & leur eut dit d'un ton ferme: *Non c'è ora ricorso*, ,, Il n'y a point d'audience à présent ", ils se retirerent tous sans dire mot.

IL nous fit, un jour, une dissertation fort intéressante sur l'Art de la Guerre. Il observava que les Anciens accordoient peu de bagage, qu'ils appelloient très proprement *impedimenta* (embarras); au lieu que les Modernes s'en chargent si fort, que celui de 50000 de nos Soldats auroit suffi pour toutes les Armées de l'Empire *Romain*. Il nous fit remarquer qu'il est bon que les Soldats soient pésamment armés, parceque cela les rend à proportion plus robustes; & que quand les *Romains* eurent rendu leurs armes plus légères, leurs Troupes en furent affoiblies. A l'égard des tours remplies d'hommes armés, qu'on prétend avoir été portées par leurs éléphans, il faut, selon lui, qu'il y ait erreur en cela; car si ces tours étoient larges, le dos du plus gros éléphant, dont il avoit mesuré un à *Naples*, eut été trop étroit pour les y placer, avec le nombre d'hommes qu'on leur donne; & si elles étoient hautes, elles seroient tombées, parcequ'il n'y avoit nulle apparence que les *Romains* eûssent l'art d'attacher des machines si monstrueuses, eux qui ne connoissoient pas même l'usage des sangles à leurs selles. Il ajoutoit peu de foi aux figures de la Colomne de *Trajan*, dont plusieurs sont manifestement fausses; & il croyoit que les tours étoient simplement tirées par les éléphans; opinion bien plus probable, & qui n'est point sujette aux difficultés de la première, qu'on a jusqu'ici assez généralement admise.

En parlant de différens états de la vie, qui conviennent à un homme d'esprit & d'éducation, *Paoli* me dit que celui de Ministre étranger lui paroissoit être un emploi fort agréa-

agréable pendant quelques années. ,, Dans
,, cette fituation, (ajouta-t'il) un habile
,, homme acquérera infenfiblement une plus
,, grande connoiffance du monde, & de la
,, politique de l'*Europe*. Il s'avancera fui-
,, vant les rapports qu'il fera à fa Cour. Ces
,, rapports doivent être exacts, clairs, fans
,, feu ou fans ornement. Il peut y ajouter
,, fa propre opinion; mais il faut qu'il le
,, faffe avec beaucoup de modeftie. Les
,, Miniftres à la Cour font préfomptueux ".

Il difoit que le fuprême bonheur ne confiftoit pas dans la gloire, mais dans la bienfaifance, & que *Penn*, qui avoit établi, en *Amerique*, une Colonie de gens paifibles & contens, étoit plus heureux qu'*Alexandre* le Grand ne l'avoit été après la deftruction de tant de milliers d'hommes à la conquête de *Thèbes*. Il obferva que l'Hiftoire de ce Monarque eft obfcure & douteufe: car fes Capitaines, qui partagerent fon Royaume, avoient été trop occupés pour écrire fa vie & fes actions, outre qu'ils auroient dû être en quelque façon intéreffés à le rendre odieux à la poftérité.

Le dernier jour que je paffai avec *Paoli* me parut d'un prix ineftimable. Sur le point de le quitter, je le trouvois plus grand & plus aimable que jamais. La veille de mon départ il arriva un petit incident, qui me le montra fous un jour fort agréable. Quand on fervit le deffert au foupé, un des Domeftiques ayant laiffé tomber un plat de noix, le Général, fans fe fâcher de cet accident involontaire, dit en fouriant: ,, Il n'y a
,, point

„ point de mal "; & se tournant vers moi, il ajouta: „ C'est un bon signe pour vous, „ Mr., *Tempus est spargere nuces*. (Il est tems „ de jetter les noix). C'est un pronostic de „ mariage. Vous devez retourner dans „ votre Patrie, & y épouser quelque jolie „ Demoiselle, qui soit digne de vous. J'en „ apprendrai la nouvelle avec bien de la „ joie ". C'étoit-là une belle allusion à la cérémonie de jetter des noix aux Nôces des *Romains* (*u*).

LORSQUE je demandai de nouveau, à *Paoli*, en quoi je pourrois lui donner des preuves de mon profond respect, & de l'attachement sincère que je lui avois voué pour la vie, il me répondit: „ *Riccordatavi che Io* „ *vi sono sia Amico, e scrivetemi.* (Souve- „ nez-vous que je suis votre Ami, & m'écri- „ vez ".) Je lui repliquai que quand il m'honoreroit d'une lettre, j'espérois qu'il voudroit bien m'écrire, non-seulement comme un Commandant, mais encore comme un Philosophe & un Homme de Lettres. „ Com- „ me un Ami! " me dit-il, en me serrant la main, avec une affabilité admirable. Je n'ose exprimer les sentimens que j'éprouvai dans cette dernière entrevue; je pourrois paroître trop enthousiaste. Je pris congé de *Paoli* avec regret & le cœur serré, non sans espérance de le revoir une seconde fois.

JE

(*u*) Mopse novas incide faces: tibi ducitur uxor.
Sparge marite nuces: tibi deserit Hesperum Oetam.

VIRG. *Eclog.* VIII. *l.* 30.

JE partis de *Sollacarò* fort incommodé de la fièvre, que j'avois contractée dans la vieille Maifon de *Colonna*, auffi ruinée que la famille de fon Maître; de forte que les vents & la pluie avoient l'entrée libre dans la chambre où je couchois. Mais je pouvois bien me foumettre à quelques desagrémens, dans un lieu où je goûtois tant de délices.

JE fus accompagné, pendant une partie de la route, par un Prêtre, grand & bazanné, qui n'étoit jamais forti de fon Ifle. C'étoit un véritable *Hercule* pour la force & le courage. Avec deux autres *Corfes*, il s'étoit emparé d'un Château défendu par quinze *Genois*. Ces Infulaires ont tant de mépris pour leurs ennemis, que je leur ai entendu dire, ,, que leurs femme fuffiroient pour les ,, battre (v) ". Ce Prêtre, ruftaut & facétieux, me faifoit rire, malgré moi & ma fièvre, par fes poftures & fes chanfons comiques touchant le Diable & les *Genois*.

JE retournai à *Corte*, par une route un peu différente, où le Païs eft moins rude, & plus proche de la Côte Occidentale.

A *Cauro*, d'où l'on a une belle vue fur *Ajaccio*, je fus logé chez Mr. *Peraldi*, qui me reçut avec beaucoup de politeffe. J'y trouvai une autre Magiftrature Provinciale. Avant le foupé, Mr. *Peraldi* & un jeune Abbé, tous deux d'*Ajaccio*, jouèrent fur le violon divers

---

(v) Bafterebbero le Donne contra i Genovefi,

vers Airs *Corſes*, & firent exécuter, par quatre Gardes de la Magiſtrature, une Danſe Nationale, tout-à-fait ſauvage, & accompagnée d'attitudes les plus violentes. C'étoit une admirable Danſe guerrière.

PENDANT ce Voyage j'eus un fort mauvais tems. Je ne puis oublier le digne Recteur de *Cuttoli*, dans la maiſon duquel j'entrai, mouillé juſqu'à la peau, & accablé de fatigue & de maladie. Ce Recteur avoit l'air d'un vénérable Hermite de nos vieux *Romains*. Sa figure & ſes manières m'intéreſſerent à la première vue. Il étoit très-reſpecté dans l'Iſle, & le Général l'honoroit de ſa correſpondance. Il me préſenta une ſimple collation d'œufs, de marons & de vin, & fut fort libéral de ſon jambon à l'égard de mon Domeſtique.

LE Général, par un effet de ſon extrême politeſſe, n'avoit pas voulu me permettre de partir qu'après m'avoir donné deux gardes choiſis, pour m'aſſiſter en cas d'accident. Je les traitois en Camarades, pour diſſiper les ennuis du Voyage. L'un d'eux, nommé *Ambroiſe*, d'une étrange couleur de fer, homme robuſte & intrépide, s'étoit toujours diſtingué dans la Guerre. Il me raconta qu'ayant un jour apperçu deux *Génois* ſur une ligne, il ajuſta ſi bien ſon coup, qu'il les tua tous les deux.

PAOLI avoit eu auſſi la bonté de me faire préſent d'un de ſes chiens, fier & vigoureux animal, mais trop vieux pour s'attacher à moi; je le perdis entre *Lyon* & *Paris*. Le
Géné-

Général m'en a promis un jeune pour ma garde à *Auchinleck*.

A *Bogognano* je rentrai dans la même route par laquelle j'étois venu de *Corte*, où j'arrivai heureusement après bien des fatigues. Mes bons Pères du Couvent des *Franciscains* me reçurent comme une ancienne connoiffance, & témoignerent prendre une part fenfible à mon indifpofition. J'envoyai affurer de mes refpects le Grand-Chancelier, qui m'écrivit un Billet, dont je donne ici la traduction, comme un échantillon de la civilité cordiale qui fe trouve parmi les Perfonnes de la première diftinction en *Corfe*.

,, Bien des complimens à Mr. *Bofwell*, fur
,, fon retour de delà les Monts, de la part
,, de fon Serviteur *Maffefi*, qui eft en même
,, tems très-mortifié de fon indifpofition, oc-
,, cafionnée, fans doute, par la rigueur du
,, Voyage. Cependant il fe flatte que quand
,, Mr. *Bofwell* fe fera un peu repofé, il re-
,, couvrera bientôt fa première fanté. En
,, attendant il prend la liberté de lui envoyer
,, deux pièces de volaille, efpérant qu'il lui
,, fera l'honneur de les accepter, s'il a be-
,, foin ce foir de quelques rafraichiffemens.
,, Il lui fouhaite la bonne nuit, comme fait
,, auffi fon petit ferviteur *Luiggi*, qui ne man-
,, quera pas d'aller demain lui rendre fes de-
,, voirs''.

Mon mal étoit fi violent, que je reftai plufieurs jours confiné dans le Couvent, où je fus vifité par le Grand-Chancelier, par divers autres Magiftrats Civils, & par le Père *Mariani*, Recteur de l'Univerfité, homme
d'é-

d'érudition & de génie, qui avoit rempli trois ans, à *Madrid*, le poſte de Sécretaire du Général des *Franciscains*. Je me rappelle une comparaiſon fort éloquente qu'il me fit ſur l'état de ſa Patrie. ,, La *Corſe*, (me dit-il)
,, a, pendant nombre d'années, ſaigné de
,, toutes ſes veines. Elles ſont à préſent fer-
,, mées: Mais après un ſi grand épuiſement,
,, il lui faudra encore quelque tems pour
,, pouvoir recouvrer parfaitement ſes for-
,, ces ". Je reçus auſſi la viſite du Père *Leonardo*, zèlé Patriote, dont j'ai fait mention dans la première partie de cet Ouvrage (w).

Quoique je fuſſe toujours bien traité par mes très revérends Pères, & que j'eûſſe deux Chirurgiens à *Corte*, l'un *Corſe*, & l'autre *Piémontois*, je n'eſpérois une entière guériſon, qu'après mon arrivée à *Baſtia*. Je pouvois m'y rendre en toute ſûreté durant l'eſpèce de trève qui ſubſiſtoit entre les *Corſes* & les *François*: *Paoli* avoit eu deux Conférences amicales avec Mr. de *Marboeuf*, Commandant en Chef de ces derniers, & il étoit ſi bien avec lui, qu'il me donna une lettre de recommandation pour ce Général *François*.

Enfin, je partis pour *Baſtia*, & j'arrivai la première nuit à *Roſtino*, où j'eſpérois trouver Mr. *Clemente de' Paoli*; mais malheureuſement il étoit allé faire une viſite à ſa fille; de ſorte que je n'eus point occaſion de voir ce Perſonnage extraordinaire, dont j'ai don-

────────

(w) Pag. 120.

donné ailleurs le portrait, d'après Mr. *Burnaby*, à qui j'en fuis en grande partie redevable.

Le lendemain je viñs à *Vefcovato*, où je fus reçu par Mr. *Buttafoco*, qui me parut fupérieur au caractère que j'en avois conçu fur la lettre de Mr. *Rouffeau*. Je lui trouvai les vertus intégres des braves Infulaires, l'urbanité du Continent, & en même tems beaucoup d'efprit, de capacité & de connoiffances. Il s'eft avancé, par fon mérite, au rang de Colonel du Régiment *Royal Corfe* au fervice de *France*. Je paffai quelques jours avec ce digne Officier; fa converfation agréable me fit en quelque façon oublier ma maladie.

Comme il s'eft tenu en *Europe* divers difcours au fujet d'une invitation faite à Mr. *Rouffeau* de fe rendre en *Corfe*, & que cette affaire a été conduite par Mr. *Buttafoco*, qui me fit voir toute la correfpondance entre lui & le Philofophe, je fuis en état d'en donner une information exacte.

Mr. *Rouffeau*, dans fon Traité Politique intitulé Du Contrat Social, a fait l'obfervation fuivante: ,, Il eft encore, en *Europe*, ,, un Païs capable de légiflation; c'eft l'Ifle ,, de *Corfe*. La valeur & la conftance avec ,, laquelle ce brave Peuple a fû recouvrer & ,, défendre fa liberté, mériteroit bien que ,, quelque homme fage lui apprit à la conferver. ,, J'ai quelque preffentiment qu'un ,, jour cette petite Ifle étonnera l'*Europe* (*x*) ".

Sur

―――――――――

(*x*) *Du Contrat Sosial*, *Liv. II, Chap.* 10.

Sur celà Mr. *Buttafoco* écrivit à Mr. *Rousseau*, pour le remercier de l'honneur qu'il avoit fait à la Nation *Corse*, & le prier instamment de venir dans l'Isle, & d'être cet homme sage qui devoit éclairer leurs esprits. J'eus la permission de prendre copie de la réponse du Philosophe: La voici.

„ Il est superflu, Monsieur, de chercher
„ à exciter mon zèle pour l'entreprise que
„ vous me proposez. Sa seule idée m'élève
„ l'ame & me transporte. Je croirois le res-
„ te de mes jours bien noblement, bien ver-
„ tueusement, & bien heureusement em-
„ ployés; je croirois même avoir bien ra-
„ cheté l'inutilité des autres, si je pouvois
„ rendre ce triste reste bon en quelque chose
„ à vos braves Compatriotes; si je pouvois
„ concourir par quelque conseil utile aux
„ vues de votre digne Chef & aux vôtres;
„ de ce côté-là donc, soyez sûr de moi. Ma
„ vie & mon cœur sont à vous".

Telles furent les premières effusions de *Rousseau*. Cependant, avant même de finir cette lettre, il fit de grandes complaintes de ses adversités & de ses persécutions, alléguant nombre de difficultés, qui le détournoient de l'entreprise proposée. La correspondance continua encore quelque tems; mais l'enthousiasme du Philosophe à paradoxes diminuant de plus en plus, le projet n'aboutit à rien.

Mr. de *Voltaire* jugea à propos d'exercer son humeur satyrique à l'occasion de cette proposition; il en parla comme d'une pièce jouée au grave *Rousseau*, qu'il ne put jamais

jamais souffrir, & que je lui ai souvent entendu appeller, par dérifion, „ce Garçon"; mais *Paoli* écrivit, de fa propre main, à ce dernier, lui réïtera l'invitation, & par-là détruifit l'affertion de *Voltaire*; ce qui fut, fans doute, une douce fatisfaction bien fuffifante pour le Philofophe.

D'APRES le tableau que j'ai tâché de donner de la conftitution actuelle de la *Corfe*, & de fon illuftre Chef, Légiflateur & Général, l'on concevra aifément, que le projet d'attirer Mr. *Rouffeau*, dans cette Ifle, a été prodigieufement exagéré par les relations du Continent, qui n'en faifoient pas moins qu'un *Solon*, dont les *Corfes* devoient recevoir implicitement un Code de Loix, &c.

CE n'étoit point là le plan. *Paoli* avoit trop d'habileté pour foumettre la légiflation de fa Patrie à un Etranger, qui en ignoroit entièrement les mœurs & les inclinations. Je fais que ce Général refpecte bien plus les ufages établis, que le plus beau fyftème idéal; & d'ailleurs il n'eut pas été poffible de le faire agréer tout-d'un-coup aux *Corfes*; il falloit les y préparer par degrés, &, en pofant une loi pour bafe d'une autre, former fucceffivement un édifice complet de Jurifprudence.

L'INTENTION de *Paoli* étoit d'accorder, à *Rouffeau*, un généreux afyle, de mettre à profit fes talens diftingués, mais principalement d'employer fa plume à illuftrer les actions héroïques des braves Infulaires. C'eft dommage que ce projet n'aît pas eu lieu. Le Père du Colonel *Buttafoco* & l'Abbé *Roftino* ont recueilli quantité de Mémoires, qui fourniroient

niroient d'amples matériaux pour l'Histoire de la *Corse*, & dont le génie de Mr. *Rousseau* auroit pu former un des plus nobles monumens des tems modernes.

Mr. *Buttafoco* m'accompagna jusqu'à *Bastia*, où je fus logé, la première nuit, chez un de ses Amis, &, le lendemain matin, il m'introduisit auprès de Mr. de *Marboeuf*, à qui je présentai la lettre de recommandation de *Paoli*. Il me fit l'accueil le plus gracieux, &, apprenant que j'étois malade, il eut la bonté de m'offrir sa maison; il le fit avec tant de cordialité, que je l'acceptai volontiers.

On a souvent remarqué, & avec raison, qu'un *François*, qui a servi long-tems dans l'Armée, & qui a atteint l'âge, où le feu de la jeunesse est tempéré à propos, forme un des plus aimables caractères du monde. Tel étoit celui du Comte de *Marboeuf*, qui est issu d'une ancienne Famille de *Brétagne*; il étoit ci-devant Gentil-homme de la Chambre du Roi *Stanislas*.

Les soins que ce digne Seigneur prit de moi étoient ceux d'un tendre père; il me fournissoit de Livres, & me procuroit tous les amusemens convenables à mon état. Le Médecin m'ayant ordonné le repos, Mr. de *Marboeuf* ne vouloit permettre à personne de m'approcher; mais il venoit seul me visiter de la manière la plus amicale. A mesure que j'avançois dans ma convalescence, il augmenta ma société, & m'amena, de jour en jour, un plus grand nombre de ses Officiers, tous d'une politesse extrême. Quelques-uns avoient été prisonniers en *Angleterre* pendant
la

la dernière Guerre. L'un d'eux étoit le Chevalier *Douglas*, Descendant de l'illustre Famille de ce nom en *Ecosse*, par une branche, qui s'étoit établie dans le voisinage de *Lyon*. Ce Gentil-homme venoit souvent me tenir compagnie. L'idée que nous étions en quelque façon Compatriotes, nous faisoit plaisir à tous les deux (*y*).

Mr. *de la Chapelle* fut mon Médecin; il me tira parfaitement d'affaire, sans vouloir accepter la moindre récompense de ma part pour toutes ses peines. Mr. *Brion*, Chirurgien-Major, en agit aussi généreusement avec moi.

Dès que j'eus commencé à regagner mes forces, je me promenai dans la Ville pour voir tout ce qu'elle offre de remarquable. Mr. *Morelli*, Conseiller, chez qui j'avois soupé le soir de mon arrivée, me fit présent de Livres, d'Antiques, & d'autres curiosités concernant la *Corse*. Je ne vis jamais d'homme plus généreux. Mr. *Caraffa*, Officier *Corse* au service de *France*, & Chevalier de *St. Louis*, eut la complaisance de me fournir autant d'Ar-

_____

(*y*) Je trouvai, à *Bastia*, une femme *Angloise* de *Penrith* dans le Duché de *Cumberland*. Lorsqu'en 1745, les Rebelles d'*Ecosse* passerent par ce Païs, ainsi au milieu de la confusion & des dangers, elle avoit épousé & suivi un Soldat des Piquets *François*, dont elle n'entendoit pas même la langue. L'Amour est quelquefois sujet à de pareils caprices.

Sic visum Veneri; cui placet impares
Formas atque animos subjuga ahenea
Saevo mittere cum joco.

HORAT. *Lib. I. Od.* 33.

d'Argent que j'en voulus, parceque m'étant arrêté en *Corfe* bien plus long-tems que je ne me l'étois proposé, mes finances se trouvoient entièrement épuisées. Mr. *Barlé*, Sécretaire de Mr. de *Marboeuf*, me fit auſſi mille amitiés. En un mot, je ne ſais comment exprimer ma reconnoiſſance aux aimables gens de *Baſtia*, pour toutes les faveurs que j'en ai reçues pendant mon ſéjour dans cette Ville.

Les *François* ſembloient être bien d'accord avec les *Corſes*. Anciennement ces Inſulaires ont eu de grandes obligations à la *France*, pour s'être interpoſée en leur faveur; mais, depuis les jours de *Sampiero*, ils ſe ſont vus expoſés à bien des viciſſitudes de la part de cette Couronne. Sous le règne de *Louis* XIV., les Gardes *Corſes* du Pape ayant inſulté l'Ambaſſadeur de *France* à *Rome*, le fier Monarque réſolut de tirer vengeance de cet outrage. Mais le Pape *Alexandre* VII., pour en prévenir les ſuites, acquieſça aux conditions qu'exigeoit la *France*; elles portoient, que les Gardes *Corſes* ſortiroient de l'*Etat-Eccléſiaſtique*, que la Nation ſeroit déclarée incapable de ſervir déſormais le *St. Siège*, & qu'en face de leur ancien Corps-de-Garde l'on érigeroit une Pyramide avec une Inſcription indiquant leur diſgrace (x). *Le Brun* en a repréſenté l'hiſtoire, en forme de Médaillon, ſur un des compartimens de la grande Galerie de *Verſailles*. On y voit la *France*, qui, d'un air majeſtueux, montre, à *Rome*, le deſſin de la Py-

(x) *Corps Diplomatique*, An 1664.

Pyramide; & *Rome*, portant un Bouclier avec les Lettres, S. P. Q. R., reçoit ce deffin dans l'attitude la plus humiliante.

IL feroit à fouhaiter que la *France* n'eût jamais fait de plus grands maux aux *Corfes*, que de les avoir privés de l'honneur d'être les Gardes du Pape. Mais ils ne peuvent pas aifément oublier les rudes échecs qu'ils ont effuïés de la part de Mrs. de *Boiffieux* & de *Maillebois*; & l'on ne fauroit auffi blâmer ces braves Infulaires, quand ils fe plaignent des obftacles qu'une Nation puiffante continue d'apporter à la pleine jouïffance de la liberté & de la paix de leur Patrie.

MR. de *Marboeuf* paroiffoit fe conduire avec la plus grande prudence & modération. Il me témoigna n'avoir rien plus à cœur que de conferver le repos & la tranquillité dans l'Ifle. Il avoit figné, avec *Paoli*, une Convention pour l'extradition mutuelle des Criminels qui fe refugieroient fur les territoires de part & d'autre. Jufqu'alors à peine y en avoit-il un fur cent qui reçut le châtiment dû à fes forfaits. Il n'y avoit aucune communication entre les *Corfes* & les *Genois*; & fi un Malfaiteur pouvoit feulement paffer d'une Jurifdiction à l'autre, ce qui étoit très-facile, il jouïffoit d'une fûreté entière. Mais, à la faveur de cette équitable Convention, la Juftice a été pleinement adminiftrée, & les crimes, n'étant plus impunis, font devenus moins fréquens.

Le féjour des *François* dans l'Ifle de *Corfe* a peut-être été, en général, plus avantageux que préjudiciable aux Patriotes. Il y a eu, deux fois la femaine, des marchés fur les frontières de chaque Ville de Garnifon, où les Païfans *Corfes* vendoient toutes fortes de provifions, & en rapportoient quantité de beaux écus de *France*, dont on a frappé des monnoies du Païs. Une fufpenfion d'Armes, pendant quelques années, a donné, à la Nation, le tems de fe préparer pour un grand effort, qui fe terminera probablement par l'expulfion totale des *Genois*. On a employé ce loifir à faire des améliorations civiles, auxquelles l'exemple des *François* n'a pas peu contribué, tandis qu'un grand nombre de leurs Soldats, excellens Ouvriers, ont pu inftruire les Naturels dans différens Arts & Métiers.

MR. de *Marboeuf* s'occupoit lui-même à former des Jardins, & à embellir le terrain de toutes manières. Ce refpectable Officier, humain & bienfaifant, prenoit foin d'obferver les chofes dont l'on manquoit le plus en *Corfe*, & d'abord il les faifoit venir de *France* pour en apprendre l'ufage aux habitans. Il a introduit, en particulier, la culture des pommes de terre, qui feront, aux *Corfes*, d'une grande utilité avec le tems, foit pour varier leurs alimens, foit pour diminuer la confommation intérieure des châtaignes, dont ils pourront exporter une quantité plus confidérable.

MR. de *Marboeuf* me badinoit fouvent fur la qualité de Miniftre d'*Angleterre*, que le bruit public m'avoit accordée. La Gazette d'*Avignon* ayant un jour marqué, que les *Anglois* vouloient établir *un Bureau de Commerce* en *Corfe*: ,, Ha! ha! Mr., (me dit-il) ,, le fécret eft éventé; je vois à préfent quel
,, eft

,, est l'objet de votre destination en ces quar-
,, tiers. C'est vous qui devez établir ce
,, Bureau de Commerce ".

QUELQUE absurde que fût ce bruit, je trouvai néanmoins, à mon arrivée à *Gènes*, qu'on y avoit bonnement ajouté foi, & Mr. *Gherardi*, l'un des Sécretaires d'Etat de la République, me dit d'un grand sérieux : ,, Mr.,
,, vous m'avez fait trembler, quoique je ne
,, vous aie jamais vu ". Je souris, & l'assurai que je n'étois qu'un simple Voyageur; mais, sans m'en croire, il ajouta, qu'il avoit reçu des informations très-autentiques à mon sujet ; &, continuant avec la même gravité :
,, Quand vous voyagiez en *Corse*, (me dit-il)
,, vous portiez un habit d'écarlate galonné
,, en or; mais vous étiez mis tout en noir
,, lorsque vous fûtes rendre vos devoirs au
,, suprême Conseil à *Corte* ". Je lui avouai sincèrement ces importantes vérités, & Mr. *Gherardi* parut triompher de sa découverte.

J'ÉTOIS de plus en plus obligé à Mr. de *Marboeuf*. Quand le Médecin m'eut permis d'aller à la table de Son Excellence, où il y avoit toujours grande Compagnie, & qui étoit servie avec autant de profusion que de magnificence, ce digne Officier prenoit tant de soin de ma santé, qu'il ne vouloit point me permettre de manger, ni de boire au-delà de ce qui m'étoit prescrit. Il avoit coutume de dire: ,, Je suis ici Médecin & Com-
,, mandant en Chef; ainsi vous devez vous
,, soumettre ". En me pressant fort poliment de prolonger mon séjour auprès de lui:
,, Nous avons eu soin de vous, Mr., (me
,, dit-il)

,, dit-il) quand vous étiez malade; je pense
,, que nous sommes en droit de vous garder
,, quelque tems, à préfent que vous vous
,, portez bien ". Ses bontés me fuivirent
même après mon départ; il me procura l'accueil le plus favorable, tant de la part de Mr.
Michel, Chargé d'affaires de *France* à *Gênes*,
que de celle de Mr. l'Abbé de *Marboeuf*,
Confeiller d'Etat à *Paris*, frère du Comte,
& doué des mêmes vertus dans la vie
privée.

JE quittois la *Corfe* avec regret, quand je
penfois à l'illuftre *Paoli*. Je lui écrivis de
Baftia, & l'informai de mon indifpofition,
que j'attribuois à la diftinction avec laquelle
il lui avoit plu de me traiter, en me logeant
dans un vieux Palais magnifique, ouvert au
vent & à la pluie, au lieu de me mettre dans
une petite chambre chaude & bien fermée.

SA réponfe à ma première lettre eft écrite avec tant d'efprit, que je lui demandai la
permiffion de la rendre publique. Il me l'accorda de la maniere la plus obligeante, en
ces termes: ,, Je ne me rappelle pas le con-
,, tenu de ma lettre; mais j'ai affez de con-
,, fiance en Mr. *Bofwell*, pour m'affurer qu'il
,, ne la publieroit point, s'il s'y trouvoit quel-
,, que chofe qui ne fût pas convenable à cet
,, effet; ainfi je le lui permets ". Je fuis
donc en état d'offrir, à mes Lecteurs, une
Lettre originale de *Paoli* (*a*), dont voici en
même tems la traduction.

,, J'AI

(*a*) STIMATISSIMO SIGNOR BOSWELL,
RICEVEI la lettera che mi favori da *Baftia*, e mi confolo

,, J'ai reçu la lettre dont vous m'avez fa-
,, vorifé de *Baſtia*, & je fuis fort confolé
,, d'ap-

folo aſſai colla notizia di eſſerſi rimeſſa in perfetta falu-
te. Buon per lei che cadde in mano di un valente me-
dico! Quando altra volta il difguſto de' paeſi colti, ed
ameni lo prendeſſe, e lo portaſſe in queſta infelice con-
trada, procurerò che ſia alloggiata in camere più calde,
e cuſtodita di quelle della caſa Colonna in Sollacarò;
mà ella ancora dovrà contentarſi di non viaggiare quando la giornata, e la ſtagione vogliono che ſi reſti in
caſa per attendere il tempo buono. Io reſto ora impa-
ziente per la lettera che ha promeſſo ſcrivermi da Genova, dove dubito aſſai che la delicatezza di quelle dame non le abbia fatto fare qualche giorno di quaranten-
na, per iſpurgarſi di ogni anche più leggiero influſſo,
che poſſa avere portato ſeco dell' aria di queſto paeſe;
e molto più, ſe le foſſe venuto il capriccio di far vede-
re quell' abito di veluto Corſo, e quel berrettone, di
cui i Corſi vogliono l'origine dagli elmi antichi, ed i
Genoveſi lo dicono inventato da quelli, che, rubando
alla ſtrada, non vogliano eſſere conoſciuti: come ſe in
tempo del loro governo aveſſero mai avuta apprenſione
di caſtigo i ladri pubblici! Son ſicuro però, che ella
preſſo avrà il buon partito con quelle amabili, e deli-
cate perſone, inſinuando alle medeſime, che il cuore
delle belle è fatto per la compaſſione, non per il diſ-
prezzo, e per la tirannia; e coſi ſarà rientrato facilmente nella lor grazia.

Io ritornato in Corte ebbi ſubito la notizia del ſecre-
to ſbarco dell' Abbatucci nelle ſpiaggie di Solenzara.
Tutte le apparenze fanno credere che il medeſimo ſia
venuto con diſegni oppoſti alla pubblica quiete; pure
ſi è conſtituito in caſtello, e proteſta ravvedimento.
Nel venire per Bocognano ſi ſeppe, che un capitano
riformato Genoveſe cercava compagni per aſſaſſinarmi.
Non potè rinvenirne e vedendoſi ſcoperto ſi poſe alla
macchia, dove è ſtato ucciſo dalle ſquadriglie che gli
tenevano dietro i magiſtrati delle provincie oltramonta-
ne. Queſte inſidie non ſembrano buoni preliminari del
noſtro accomodamento colla repubblica di Genova. Io
ſto

,, d'apprendre que vous soyez rétabli en par-
,, faite santé. Il est heureux pour vous
,, d'être tombé entre les mains d'un habile
,, Médecin. Quand vous serez de nouveau
,, dégoûté des Contrées civilisées & agréables,
,, & que l'envie vous prendra de revenir en
,, ce malheureux Païs, j'aurai soin de vous
,, procurer un logement dans des chambres
,, plus chaudes & mieux fermées que celles
,, de la Maison de *Colonna* à *Sollacarò*; mais
,, vous devriez encore vous résoudre à ne
,, point voyager quand la journée & la sai-
,, son veulent qu'on reste chez soi pour at-
,, tendre le beau tems. Je suis à présent
,, impatient de recevoir la lettre que vous
,, me promettez de *Gênes*, où je ne doute pas
,, que la délicatesse des Dames ne vous ait
,, fait faire quelques jours de quarantaine
,, pour vous purifier de la plus légère influ-
,, ence que vous pouvez y avoir apportée de
,, l'air

sto passando il sindicato a questa provincia di Nebbio. Verso il 10 dell' entrante anderò per l' istesso oggetto in quella del Capocorso, ed il mese di Febrajo facilmente mi tratterrò in Balagna. Ritornerò poi in Corte alla primavera, per prepararmi all' apertura della consulta generale. In ogni luogo avrò presente la sua amicizia, e sarò desideroso de' continui suoi riscontri. Frattanto ella mi creda.

Suo affettuosissimo amico

PATRIMONIO,
23 Decembre, 1765.

PASQUALE DE' PAOLI.

,, l'air de ce Païs : & bien plus encore s'il
,, vous étoit venu dans l'esprit de leur faire
,, voir cet habit de velours de *Corse* (*b*), &
,, ce bonnet, dont les *Corses* attribuent l'ori-
,, gine aux casques de l'Antiquité ; tandis
,, que les *Genois* le disent inventé par les vo-
,, leurs de grands chemins, pour n'être pas
,, connus, comme si, durant le Gouverne-
,, ment des *Genois*, les brigands publics avoient
,, eu à craindre quelque punition ! Je suis
,, sûr cependant que vous aurez pris le bon
,, parti avec ces aimables & charmantes
,, Dames, en leur insinuant, que le cœur
,, des Belles est fait pour la compassion, mais
,, non pas pour le mépris & la tyrannie; &
,, j'espère qu'ainsi vous serez facilement ren-
,, tré dans leurs bonnes graces.

,, D'ABORD après mon retour à *Corte* je re-
,, çus avis du débarquement sécret d'*Abba-*
,, *tucci* (*c*) sur la Côte de *Solenzara*. Tou-
,, tes les apparences font présumer qu'il est
,, venu avec un dessein contraire à la tran-
,, quillité publique. Il s'est cependant consti-
,, tué prisonnier au Château , & proteste de
,, son repentir. En passant par *Bogognano*, j'ap-
,, pris qu'un Capitaine *Genois* reformé cher-
,, choit des compagnons pour m'assassiner. Il
,, ne put y réussir , & se voyant découvert, il
,, se sauva dans les bois, où il a été tué par
,, un

(*b*) C'est cette grosse étoffe que les *Corses* fabriquent
eux - mêmes , & qui leur tient lieu du velours de
Gènes.

(*c*) *Corse* d'un caractère très - suspect.

„ un détachement que les Magiſtrats des
„ Provinces ultramontaines avoient envoyé
„ à ſa pourſuite. Ces embuches ne pa-
„ roiſſent pas être de bons préliminaires pour
„ notre accommodement avec la Republi-
„ que de *Gènes*. Je tiens actuellement le Syn-
„ dicat dans cette Province de *Nebbio*. Vers
„ le 10 du mois prochain, j'irai, pour le mê-
„ me objet, dans la Province de *Capo-Corſo*;
„ & au mois de *Fevrier*, je m'arrêterai pro-
„ bablement quelque tems à *Balagna*. Je re-
„ tournerai enſuite à *Corte* au printems, pour
„ me préparer à l'ouverture de la Conſulte
„ Générale. En tous lieux votre amitié ſera
„ préſente à mon eſprit, & je ne ſouhaite
„ rien tant que d'entretenir votre correſpon-
„ dance. En attendant croyez moi,

Votre très-affectionné ami
PASCAL PAOLI.

Patrimonio
ce 23 Décembre
1765.

SE peut-il rien de plus obligeant, rien qui montre mieux la fermeté d'une ame héroïque, que cette Lettre? Avec quelle galante plaiſanterie le Chef des *Corſes* parle-t'il de ſes ennemies! (*d*) On penſeroit que les Reines de

---

(*d*) Ajoutons, avec quelle généreuſe modération, & quelle noble indifférence parle-t'il de ſes aſſaſſins mêmes!

de *Gènes* devroient devenir Reines rivales pour *Paoli*. Si elles le voyoient, je suis sûr qu'elles lui accorderoient leur suffrage.

Je prends la liberté de repéter une observation qui m'a été faite par l'illustre Ministre, que *Paoli* appelle le *Pericles* de la *Grande-Brétagne*. ,, On peut dire, de *Paoli*, ce que ,, le Cardinal de *Retz* disoit du grand *Montrose*. *C'est un de ces Hommes qu'on ne trouve plus que dans les Vies de* Plutarque ''.

mes! Ceci nous rappelle un trait, que nous fournissent les mémoires publics de l'an 1764, & qui nous paroît bien digne de trouver ici place. Quelques Officiers des *Corses* s'étoient laissés tenter, par argent, de massacrer *Paoli*; mais ayant pris querelle entr'eux dans une taverne, il leur échappa certains propos qui décélerent leurs desseins. Le Tavernier les ayant entendus, alla les dénoncer à la Régence, qui en informa tout de suite le Général. Il les fit saisir; & les ayant fait comparoître en sa présence, il leur dit: ,, Messieurs, quoique vous ,, ayez voulu m'ôter la vie, & que les *Loix* me don- ,, nent un plein pouvoir sur la vôtre, je ne m'en pré- ,, vaudrai point: retournez paisiblement chez vous, ,, & voyez maintenant si je mérite d'être l'objet de ,, votre haine & de votre inimitié. Je consens à le de- ,, venir, quand vous aurez quelque crime à me repro- ,, cher ''. Les Officiers confondus avouerent qu'ils avoient eu la foiblesse de se laisser corrompre. Ils ne nommerent pourtant pas leurs corrupteurs; & *Paoli*, par un nouveau trait de générosité, ne témoigna pas même être curieux de les connoître. *Rem. du Trad.*

FAUTES À CORRIGER.

Pag. 5. N. (g) lig. 1re, *Poſlethwayt*, liſ. *Poſtlethwayt*.
— 13. lig. 5., BANDO, liſ. BANDA.
— 18. N. (x) *dern. lig.*, pag. 2. *liſ.* pag. 3.
— 26. lig. 13. (f) *doit être placé une ligne plus bas.*
— 27. 24. *après* paroiſſent, *ôtez* ſont.
— 33. N. (f) XVIII. & III. liſ. XVII. & II.
— 34. — (b) XLIII. liſ. XLII.
— 49. — (r) *Bodin. Liv.* IX. liſ. *Edimb. Liv.* X.
— 62. lig. 6. ffores, *liſ.* offres.
— 65. *lig.* 28 & 29., 1756, la Reine *liſ.* 1736, la Reine régente.
— 124. N. (l) *doit être* (k).
— 173. lig. 7. *Giulo*, liſ. *Giulio*.
— 208. (*mal marquée* 708.) 3e. *lig. du bas*, Eprits; *liſ.* Eſprits.

Discussion de l'[?] p 13
brebis particulier p 21

www.ingramcontent.com/pod-product-compliance
Lightning Source LLC
Chambersburg PA
CBHW050345170426
43200CB00009BA/1743